1965年东北师大附中毕业

大学时代——1968年于北大

2013年近照

1981年8月研究生毕业与数学大家周毓麟、丁夏畦、齐民友、王柔怀、伍卓群等合影（前排左起：齐民友、王柔怀、丁夏畦、伍卓群、周毓麟；后排左起：史天勤、李成章、李惠川、赵俊宁、郑斯宁、高文杰）

1998年6月博士答辩后与王柔怀、伍卓群、叶其孝等合影
（左起：尹景学、赵俊宁、伍卓群、郑斯宁、王柔怀、徐中海、叶其孝、陈任昭、刘辉昭、王光烈、高文杰）

1985 年 9 月于美国密西根大学

1996 年 8 月于美国加州理工学院

1998年5月北大百年校庆与程耿东合影

1998年北大百年校庆

2004年大连理工大学图书馆

2006年6月与研究生游大连燕窝岭

2006年9月东北师范大学校园

2010年5月北大数力系1965级毕业40周年聚会合影

2012 年 7 月与钱冬生大连合影

2011 年 10 月与朱泓

2012年9月北大力学系60年纪念会与武际可

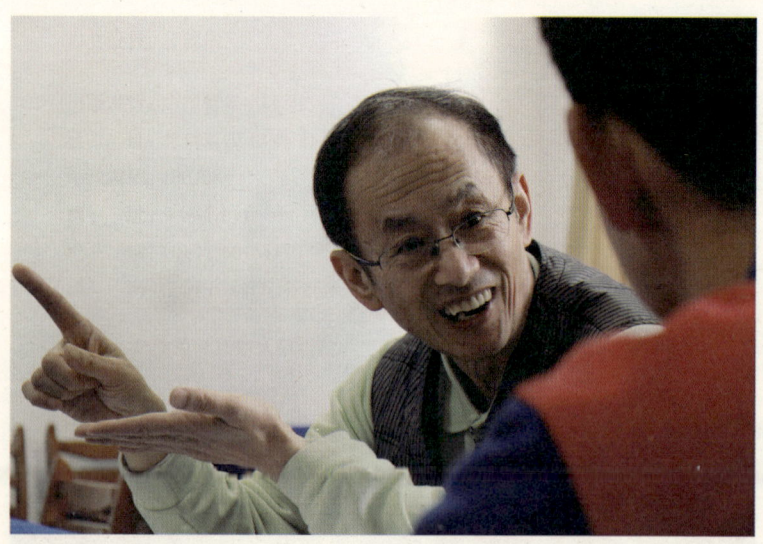

2014年3月"名师面对面"活动与学生交流

郑斯宁/著

郑说心语
——大学人的文化使命

中国青年出版社

（京）新登字 083 号

图书在版编目（CIP）数据

郑说心语：大学人的文化使命 / 郑斯宁著 . —北京：中国青年出版社，2016.4

ISBN 978-7-5153-4082-1

Ⅰ．①郑…　Ⅱ．①郑…　Ⅲ．①高等学校 - 教育工作 - 中国 - 文集 ②高等学校 - 教学研究 - 中国 - 文集　Ⅳ．①G649.2-53 ②G642.0-53

中国版本图书馆 CIP 数据核字 (2016) 第 038368 号

监　　制：	王　琳
责任编辑：	杨　茗　　王　超
装帧设计：	艺海晴空
内文设计：	曹德伍

出版发行：	中国青年出版社
社　　址：	北京东四 12 条 21 号
邮政编码：	100708
网　　址：	www.cyp.com.cn
电　　话：	(010) 66163170
印　　刷：	三河市君旺印务有限公司
开　　本：	880*1230　1/32
印　　张：	7.75
字　　数：	120 千字
版　　次：	2016 年 7 月北京第 1 版
印　　次：	2016 年 7 月河北第 1 次印刷
定　　价：	28.00 元

本图书如有印装质量问题，请凭购书发票与质检部联系调换
联系电话：(010) 57350337

序言

值得一读的好书

◎程耿东

很高兴得知郑斯宁教授的《郑说心语》一书即将与读者见面。

1985年我担任大连理工大学主管外事的副校长时,认识了郑斯宁教授。那时他还只是一个刚从美国密西根大学研修归来的年轻讲师。在对归国人员的例行考察中,我了解到他已经在国际主流数学期刊发表多篇论文,这在当时是不多见的。归国后他作为我校数学学科教学、科研骨干,很快晋升为副教授,1991年又通过"大讲赛"成为全校首批破格晋升的四位45岁以下正教授之一。

1995年,郑斯宁教授卸任兼职了9年的数学系党总支书记,再次去美国加州理工学院"充电",一年后按期回校工作时,我已就任大连理工大学校长。得知郑教授家人都还在美国,我既钦佩他的爱国热忱,又希望他在大连理工大学长期稳定工作。由于他和我一样都曾就读于北京大学数学力学系,自然有更多的共同语言。特别是1998~2002年,他就任数学系主任,我和他有了较多的接触。郑斯宁教授在担任系主任工作期间,教学、管理都主动捡重担挑,以自己的表率作用推动全系的教学与学科建设。对于工作懈怠、缺乏敬业精神的人和事，郑斯宁教授也毫不妥协地坚持原则，有时候让我也替他捏一把汗。

郑斯宁教授长期在非线性偏微分方程研究领域耕耘，是该领域有影响力的学者，多次主持国家自然科学基金项目，培养了二十多名博士研究生，成果丰硕。2010年他领导的团队获辽宁省自然科学二等奖。郑斯宁教授来校后一直坚持一线本科教学。他非常珍惜自己在中华民族伟大复兴的历史潮流中拥有的在大连理工大学任教的工作岗位，对担负培养高层次人才的教育教学工作的自豪感溢于言表。他的"数学分析""数学物理方程"等课程教学思维严谨且生动活泼，教学效果有口皆碑，对学生影响颇深。郑斯宁教授于2003年入选大连理工大学首届教学名师。

用心教书育人是郑斯宁教授的一大特点。我也不时在学校校报上看到他的一篇篇教育教学随笔，从校园文化到学术诚信，从科学发展观到精英教育。他关注教书育人实践中遇到的各种问题，勤于学习、思索，并乐于将自己的心得与年轻人交流。他的激情洋溢于文字之间，让你感到他仿佛就坐在你的对面，在与你讨论、交流，进行心灵沟通。他特别愿意与青年学生交朋友，经常以自己的成长经历，鼓励学生努力创造一个闪光的青春。

郑斯宁教授在20世纪60年代中期跨入高等学府，亲历了十年文革灾难，切实感受到党领导的改革开放三十多年来使中国发生的历史巨变，给人民带来的巨大福祉。在改革开放的历史大潮中，除了举世瞩目的伟大成就，也出现不少问题。他用朴实无华的语言与学生心对心交流，帮助学生认识周围的各种社会现象，传递支持改革开放的正能量,坚定热爱社会主义祖国的理想信念。

《郑说心语》是郑斯宁教授在大连理工大学传道、授业、解惑,与学生平等对话、交朋友三十余年丰富经历的真实记录,也是他紧跟时代发展脚步,不断与时俱进的思想感悟,字里行间映射出他的敬业精神和积极的人生态度。我向老师和同学们推荐这本值得一读的好书。

2016 年 1 月 10 日于大连

⊙ 序作者程耿东教授,中科院院士,1995~2006 年任大连理工大学校长。

把心交给学生的良师

◎钱冬生

我1950年考入大连工学院（1988年更名为大连理工大学），在大工学习工作整整40年。斯宁和我工作上的交集主要在80年代末的几年，那时他是全校最年轻的副教授，兼任系党总支书记，我是校党委书记，接触中感到他是个有思想、有主见、坦诚、开朗的人，但当时对他在教书育人方面的表现鲜有注意。1990年我奉调外地高校工作后，多年几乎没有联系，直至退休后多次暑期回母校娘家，又有了见面叙谈的机会。每次相聚都要聊上两个多小时，话题大都涉及国家、社会快速变动中出现的复杂敏感令人困惑忧心的问题，畅所欲言，相互探讨，越来越感到彼此是志同道合的知心朋友。尤其看到他写的关于指导学生学习、生活的多篇文章，心中一亮，发觉斯宁是一位全心投入教书育人、关心学生全面成长的人。今年暑期接到他电子邮件里的"文章集锦"，告知我打算将此汇编成书，并希望我为之作序，我当即回复欣然同意。

斯宁的文章我完整地读了两遍，觉得内容新鲜生动，语言朴实无华，富于感染力；没有刻板的说教，没有貌似普适的抽象概念。显然这一系列文章源于自身的教学实际和与学生的交流互动，当然还有他敏锐的观察和缜密的思考，而文章的核心是斯宁的价值观，这是贯穿系列文章的灵魂。

文集以"郑说心语"命名，恰到好处，文章的感染力正是因为斯宁把自己的心交给了学生，"心语"像一股股清泉源源不断地流入学生的心田，滋润他们健康成长。

斯宁有一颗对学生的爱心和责任心。数十年来，他主要为本科生教授《数学分析》《数学物理方程》《常微分方程》等重要的基础课和专业课。他多次对学生说过："给你们上课是我的第一任务。如果我哪天没来上课，一定是被救护车拉走了。"他说，"作为一名大学一线教师，我的'上帝'就是学生。要想达到最好的教育效果，就要尊重每个学生的人格、个性，帮他们找到自己健康成长的道路"。他曾获得宝钢优秀教师特等奖，当选大连理工大学首届教学名师，认为这是自己得到的"作为一名普通教师所能得到的最值得珍惜的荣誉"。

斯宁有一颗赤诚的爱国心。他的文章《生在中国真好》完全是源自自己在祖国怀抱里成长的体验，是出自内心、感情真挚的一首祖国颂歌；洋溢着对祖国的爱恋，充满身为中国人的自尊、自傲和自信。

斯宁和他的学生心相印，情相通。他能够从细微处觉察学生身上的优秀品质。数学分析课的一位女生学得很辛苦，凭着一股子"傻劲"，不放过这门课逻辑体系中的每个环节，逐渐找到学数学的感觉，成绩不断上升。她说她自知天资不算高，但相信"勤能补拙"。斯宁由衷赞美她这种"勤能补拙"的学习态度，写了《赞"勤能补拙"》这篇好文。

他了解市场化条件下一些青年思想困惑：如何对待个人利益和为社会奉献的矛盾？他在《解读"正能量"》一文中一语中的：雷锋的人生哲学是"一个人活着就是为了使别人过得更美好"，"与市场经济法则相反，雷锋追求的不是个人利益最大化，而是对社会的奉献最大化。雷锋精神是正能量的最典型代表"。话语转到北京奥运会青年志愿者，这是同学们最亲近和仰慕的一个群体。他指出，"当今社会传递正能量的最大群体也许正是志愿者，特别是青年志愿者"。"他们不满足于完成本职岗位工作，一己的温饱、幸福，而有着更高的精神追求。"这一下子把学生群体与雷锋精神的距离拉近了。

斯宁是数学教授，多次主持国家自然科学基金项目和国家级教改项目，现任多种国际数学期刊编委，发表SCI检索国际期刊数学论文百余篇，是一位在数学界学术造诣出众的学者。而我认为最难能可贵的是，他不仅能自觉担当、身体力行立德树人的使命，又具备中国化马克思主义的基本思想理论素养。《谈自信》与《再谈自信》两文多角度、多层次，深入浅出、娓娓道来，诠释了个人自信和国家自信这两个众人尤其学生关注的重大问题。

他鼓励个人要抓住中国发展机遇，适应社会，修炼自己。不要怨天尤人，不要囿于先天某些不足而自卑。要在服务社会中发现和发展自己的兴趣、潜质和特长，在社会分工不断细化的现代社会中，找好并发展自己之所长，同时注意道德文化修养，就能成为"自信的人"，从而在人生舞台绽放自我、塑造精彩的自我。

国家自信是我国根本性的思想理论问题，中国史无前例的发展成就和灿烂前景，国人具有比以往任何时候更强的自信，但却有一部分人包括青年学生存有疑虑，少数人甚至妄自菲薄。斯宁在《再谈自信》《从颜色革命谈起》等文章中用自己的思考和话语做了回答。

斯宁曾经在上世纪八九十年代留学美国密西根大学和加州理工学院，与西方社会、文化的接触可谓不少。他有开放的头脑，深知并强调中国向西方发达国家学习的必要。但他的言行始终呈现中国气派。他为"并非最古老，却唯一没有间断过"的中华文明而自傲。

马克思主义理论不是他的专业，但他在谈及理论自信时，却抓住了历史唯物主义这个马克思主义的根本："生产力是度量社会发展进步的根本尺度"。"发展社会生产力和为广大人民群众谋福祉是马克思主义的基本出发点"。当今中国化的马克思主义是"中华民族伟大复兴历史洪流的集体实践中，与时俱进，不断创新、丰富、发展的活生生的理论和科学"。

中国已经是崛起的大国，中国的制度和道路已经显示出巨大优越性，但海内外关于中国制度和道路的争议不断，症结主要在中国共产党领导的合法性和合理性。

在《再谈自信》中，他专门谈了"政党自信"，认为"中国共产党本身就是一个奇迹"。在《从颜色革命谈起》一文中，他简要回顾中共经历的艰难历程，斩钉截铁地说，是"人心的向背把中国共产党推上了执政党的位置。这不是哪个人的意志和选择,而是历史的选择"。

1949年中国共产党执政以后,曾经犯过严重错误,特别是十年"文革"这样的全局性的长期的错误。对此他颇具新意地指出,否定"文革"这样的历史错误,"并不是靠反对党制约,而是全党深刻反省,承认错误,彻底纠正的"。"中国共产党并无一己之私、一党之利",这是只有中共这样的执政党才能做到的。他进一步强调,"世界最大的政党领导世界最大的国家,在学习人类文明的一切先进成果的同时,事事从自己国情出发,走最适合中国的独特的经济、政治发展道路,如此生机勃勃",以此回答中共执政合理性问题。

斯宁面向自己的学生,用自己的人生体验、思想感情和朴素语言,用自己的"心语"赢得青年学生的心。

他在《对话90后》中说:"无论讲课还是写文章,只有感动自己,才能感动别人;只有自己相信、明白,才能让人相信、明白;只有发自内心,讲心里话,才能深入别人内心,实现心灵沟通。"在外地重点高中为学生讲《谈快乐学习》时,会场反应热烈轰动。他说,这是因为"90分钟所讲全是我几十年学习、教书生涯悟出的道理,书本上没有,网上也搜不到"。

2015年12月8日于上海

⊙ 序作者钱冬生教授,1985~1990年任大连理工大学党委书记,1990~1995年任复旦大学党委书记。

目录

序言

值得一读的好书　程耿东 / 1

把心交给学生的良师　钱冬生 / 5

第一章　青春寄语

青春寄语——献给走进新千年的青年学生（2000）/ 2

青春的记忆（2005）/ 6

让青春闪光（2010）/ 11

学习的快乐（2012）/ 15

感受"代沟"（2014）/ 19

对话90后（2015）/ 23

第二章　解读正能量

科学发展观之你我他（2008）/ 30

科学发展是硬道理中的硬道理
　　——再谈科学发展观之你我他 (2009) / 33
解读"正能量" (2013) / 37
中国梦之你我他 (2014) / 41
从"颜色革命"谈起 (2014) / 46
感悟依法治国的大小道理 (2015) / 50
谈自信 (2015) / 53
再谈自信 (2015) / 57
改革万岁 (2016) / 61

第三章　大学人的文化使命

校园文明杂感 (2006) / 68
诚信与作弊 (2006) / 71
我看和谐校园 (2007) / 73

赞志愿者精神（2008）／ 76

赞挑战极限——感受菲尔普斯奇迹（2009）／ 80

赞"平常心"（2009）／ 83

赞"感恩的心"（2009）／ 87

解析校园文化（2010）／ 91

从数学修养到数学文化（2010）／ 95

可持续发展与青年学生成才之道（2011）／ 100

关于"钱学森之问"的理性思考（2011）／ 104

大学人的文化使命（2012）／ 110

知识分子的反腐败责任（2013）／ 113

从"学术信誉"到"做人品牌"（2015）／ 116

赞上进心（2016）／ 120

第四章　耕耘琐记

校庆书怀（2004） / 126

演好自身角色把握时代脉搏（2006） / 130

学为人师，行为世范——怀念芮又翘老师（2006） / 135

生在中国真好（2009） / 137

光荣的责任（2012） / 143

做一名称职的主讲教师（2014） / 147

教坛耕耘琐记（2014） / 155

导师角色与学术团队 DNA（2015） / 168

第五章　教学随笔

创"名牌"就得严要求（2003） / 176

建立充满活力的校内管理与竞争机制（2005） / 179

网络阅读短与长（2005） / 181
赞"勤能补拙"（2007） / 183
创新并不神秘（2007） / 187
从规定动作与自选动作谈起（2007） / 190
谈女大学生就业的不对称性（2008） / 193
谈精英教育与粗细两类功夫培养（2008） / 197
个性发展：鼓励还是扼杀？（2008） / 201
"变换"的魅力（2008） / 205

附录　一位教授的人生情怀（2004） / 209
后记　《郑说心语》的由来 / 215

第一章　青春寄语

青春寄语
——献给走进新千年的青年学生（2000）

刚刚送走一大批已经熟悉了的毕业生，又迎来更多的还未来得及熟悉的新同学。校园里，一群群洋溢着青春气息的身影，一阵阵轻快的脚步声，一张张透着稚气的脸，一双双满怀憧憬的眼睛，无不打动着我的心。我真羡慕你们：你们生在人类几千年文明史中发展最快的年代，生在当今世界最有活力、发展最快的国度——中国。

同学们不要小瞧"生在中国"这个先天优势。我只举几个小例子：（1）我们中国已经成为世界上非常重要的制成品生产国。1996年夏天在California（加利福尼亚），我所认识的一个美国工人不无羡慕地对我说："You see everything is made in China."（你看所有东西都是中国制造。）所以，每当克林顿总统或美国国会威胁要对中国实行经济制裁的时候，我心里就暗自好笑：数以亿计的美国工薪阶层已经离不开"Made in China"（中国制造）了；取消"Made in China"岂不是直接危害美国选民，从而危及克林顿总统和议员们自身，他们敢吗？（2）中国台湾已经成为世界上非常重要的芯片生产地，1999年台湾地震立即引起国际计算机市场涨价。（3）中国在亚洲金融危机中力挽狂澜，所表现出的对世界经济秩序的高度责任感,感动了全世界。如今,中国的人民币已成为公认的硬通货。特别是中国周边国家老百姓,手拿中国人民币的感觉就是两个字:放心。(4)1999年世界财富论坛在上海开会,一个外国记者问上海市副市长:听说全世界17%的建筑吊车在上海。副市长回答:没有统计过,但确实不少。我自己的感受是:这几年我在大连栾金村附近所看到的建筑工地数,似乎就比我八九十年代三次去美国累计两年半时间里,在他们十余个州所看到的建筑工地的总数还要多。(5)在信息时代的圣地——美国硅谷,来自中国大陆的年轻人已经成为这里的主力军。(6)在美国任何一所著名大学,都有壮观的中国学生精英群。(7)翻开任何一本世界主流数学杂志,都有我们所熟悉的大陆拼法的中国人的名字。(8)中国年轻人在奥运赛场的精彩表现,征服了亿万观众,而我们的国歌《义勇军进行曲》也

大连理工大学校园

正在成为全球数十亿人所熟悉的旋律。这就是我们今天的中国和中国年轻人所拥有的——生在中国，会中文，熟悉中国，在中国受教育，还拥有像大连理工大学这样的中国大学的文凭。这些看似平凡的东西，在21世纪是怎样一笔财富，你们会有切身体会的。

我也生在中国，但十年文革耗费了我从20岁到30岁的最宝贵的青春年华。我是30年前从北京大学毕业的，两年前，我回母校参加100年校庆，在校史纪念馆的墙上见到一张非常醒目的表格，上面罗列了北大所培养的两院院士名单。我很荣幸地告诉大家，大连理工大学程耿东校长是北大1958级学生中的第一位院士。为什么他能从北大1958级数千名学生中脱颖而出？我想，他身上一定有一种对科学更特殊的爱和更执著的追求。另外，他还找到了一个非常好的成才的环境——大连理工大学。他1964年到大连理工读研究生，文革时被发配到沈阳教中学，是大连理工大学的屈伯川老校长和钱令希先生珍惜人才，在"四人帮"时代就有魄力、有眼光把他调回学校搞业务；粉碎"四人帮"后又最早送他出国留学，所以才有了今天的程校长。

我上大学5年，毕业后分配到农村公社教书7年，粉碎"四人帮"后才有机会读研究生，并有幸于1981年到大连理工大学任教。1982年我第一次走进大连理工的讲堂，给1982级研究生讲数学物理方程课的情景，至今仍历历在目。这届研究生出了很多人才，有的很早就成为博士生导师了。对于这届研究生中的成功者，我可以如数家珍，并常引以为豪。

我很庆幸在后半生赶上了改革开放的好时候，并且拥有在大连理工大学教书育人的岗位，使我得以通过培养人才，在中华民族伟大复兴的历史洪流中扮演一个小角色，实现自己的人生价值。作为老师，最大的愿望，莫过于希望自己的学生能够成才和成功。关于怎样成才，我的体会是：最后的成功者，往往并不是最聪明或成绩最好的人，而是那些善于把握机会，并且肯下笨功夫，能够坚持到底的人。我衷心地祝同学们成才、成功，在中华民族伟大复兴的浩瀚的历史舞台上，寻找自己的位置，做竞争中的强者，并且 Enjoy（享受）丰富多彩的人生。老师们都在期待着你们成功和成才的消息。

⊙ 根据2000年6月30日在大连理工大学2000届毕业典礼上的讲话整理，原载《科学家寄语下一代》，大连出版社，2002年5月

青春的记忆(2005)

明年就是我的本命年了,按中国的传统算法,我已进入"花甲"。不经意间,成了名副其实的老教师、老先生。从1970年在辽北农村教中学算起,我的教师生涯已满35年。从1981年到大连理工大学任教开始,我当大学老师也快24年了。几十年来,我一直生活在天真烂漫的学生中间,分享着他们青春的欢乐,而我自己童年、少年和青年时代的往事,也仿佛就在昨天。

我的童年正值抗美援朝,"雄赳赳,气昂昂,跨过鸭绿江。保和平卫祖国,就是保家乡"的歌声已永远留在儿时的记忆里。小学毕业印象最深的是"三面红旗",中学则赶上学习雷锋。雷锋的"我觉得一个人活着就是为了使别人过得更美好"这句话,曾震撼我的心灵,一直影响我到今天。40年前,当我从东北师大附中毕业考入北京大学数学力学系的时候,曾经满怀壮志和理想。但是入学没多久就遭遇"文化大革命"——北大正是那场浩劫的最早蒙难地。我曾经与我的同龄人一样,以少有的虔诚和热情,参加过这场后人已经永远无法体会的"革命",也消耗了我20岁以后最宝贵的一段青春年华。我的人生真正起步是"文革"之后。当我1978年作为"文革"后的首届研究生进入吉林大学数学系,重返大学课堂的时候，已经32岁，不再年轻。我拼命读书，从零起步做科研，只有一个念头，那就是把失去的青春抢回来。当时我还没有成家，我甚至不惜用"理光头"之类的极端做法，激励斗志。我坚持下来了，坚持到了今天。探索科学、积累文明是人类最伟大的实践活动，已经持续了几千年。特别是近百年来，科学技术进入爆炸式的高速发展时代，深刻地改变着人们的生活和思想。数学是科学的一部分，也是"年轻人的游戏"。我清楚，我自己做的一点东西是微不足道的。但人类对科学的探索是一场永远不会落幕的大剧，它不仅需要主演，需要精英，还需要无数的群众演员。能够参与其中，使我感到光荣，使我找到了生命的价值。

  2005年是我们大连理工大学建校56周年，也是我来到大工后第24次参加校庆纪念活动。我多次说过，我最大的幸运就是在科教兴国的今天，能够拥有在大连理工大学任教的岗位，通过实实在在的教书育人和做学问，为中华民族的伟大复兴出一把力，实现人生价值。正是这样一个岗位，使我有机会与一茬又一茬风华正茂的学生一起探索真理，同时交流思想和感情，做知心的朋友。有人说我心态年轻。我自己清楚，那明显是沾了学生的光。我常对我的学生们说，我太羡慕你们了，你们赶上了好时候。不信可以问你们的父母，我们这代人在你现在的年龄是怎么过的，在干什么、想什么。你们有那么广阔的天空可以翱翔，不必担心被埋没。只要用心耕耘，肯定会有收获。今天的中国如此充满生机，如此丰富多彩。现在，对你们来说，大到择业，小到每天衣食住行的每个细节，甚至手机的铃声，都可以从无数方案中做出体现自己个性的选择。我

北大同班六女生(1966年3月)

北大同班六女生(2005年5月)

们年轻时可以选择的东西不多。那是一个几乎只有黑、白两种颜色的世界:食堂只有一个菜,衣服只有一两种颜色和样式。我们中的许多人甚至都没有像样地谈过恋爱。

2005年是我中学毕业和大学入学40周年纪念。我的中学和大学同学都在积极准备纪念这个40周年的聚会活动,非常激动,并充满期待。我们还自创了多首歌曲,准备在聚会上演唱。这是我们心底的歌,而且注定是原创和原唱。我也积极参与了歌曲的创作,写了多首。其中有的是我自己作词作曲,更多的则是为别的同学的精彩歌词谱曲。当我把这些歌曲的 MP3 文件发给我的同学和学生的时候,他们不无意外地说:"没发现你还有这样的才能呀!"我说:"人好比现在的电器,很可能已经使用了许久,甚至快要报废了,可是依然还有许多美妙的功能没有开发。而这给我们的提示正是'生命可贵''青春无价''人生美好'这样永恒的话题和真理。"我的一首歌是这样写的:

> 南湖的岸边,自由大路上,
> 青春的花朵,曾悄悄开放。
> 宁静的教室,欢腾的操场,
> 我们曾并肩走过美好的时光。
>
> 执著的追求,不变的信仰,
> 青春的记忆,像昨天一样。
> 亲情的温馨,儿时的梦想,
> 我们将这份友情永久地珍藏。
>
> 让我们尽情欢聚,
> 重温那好时光。
> 让我们重新出发,
> 向着那新太阳。

歌词的第一段是写 40 年前的学校生活。"悄悄开放"是不寻常的一笔：在"左"的年代，"青春的花朵"是很难尽情开放的。第二段写今天，写今天我们对逝去的青春的感觉：虽然40年过去，但"青春的记忆"依然"像昨天一样"。最后一句话意味深长，人们通常用"黄昏"和"夕阳"来形容花甲之年，而我们在花甲之年相聚的感觉居然有如40年前中学毕业时一样：还想重新再出发一次。还是像40年前那样："向着新太阳"。注意，不是西面的夕阳，而是东方的新太阳！这是新的轮回！这种感觉是真实的。我从不止一个同学那里听到过：他们最大的心愿就是"再读一次大学"和"再谈一次恋爱"。

⊙ 原载大连理工大学报第1116期，2005年4月

让青春闪光（2010）

又开学了。校园里处处可见青春靓丽的新面孔。新同学那尚显稚嫩的脸庞和憧憬的眼神又一次打动了我。这一别样的感受来自我的一项新使命——行将登台主讲大连理工大学首次招生的2010级国家数学理科基地班的数学分析课。这意味着，从现在开始，我将通过讲授这门锤炼数学系学生"看家本事"的最要紧的基础课，陪伴这些"90后"中的佼佼者，一起度过他们大学前三个学期的青春时光。望着他们，不由得想起1965年，也是这个季节，我与今天的他们一样，满怀希望跨进大学校门，在北大数学力学系开始学习这门课的情景。一切都还那样清晰。但随后不久，从北大校园引爆的那场文革灾难，顷刻间冲毁了我正常的大学生活，而数学分析这门看家课的大部分内容，其实我是毕业发配到辽北农村工作后，靠昏暗灯光下的苦读，自学完成的。所以我知道：能够在黄金年龄和老师引导下学习这门课的机会该有多么宝贵。

望着他们，还不由得想起自己在大连理工大学一遍又一遍讲授数学分析课的教学实践，特别是第一轮给数学861、862班讲这门课的难忘岁月。那时我才40岁，精力旺盛，刚刚结束在美国密西根大学访问学者的研究工作归国不久，而且还是我第一次给大一本科新生上课。我把我学这门课(包括自学)的感受,还有后来用这门课的知识搞科研的体会,全都挖掘出来,传授给风华正茂的学生。正是这门课,使我得以与这两个班的同学连续两年朝夕相处,并且陶醉其中,仿佛重新回到学生时代。那真是一种享受。前不久,他们毕业20年后从国内外各地重回母校再相聚,邀我参加,并请我代表当年的任课教师讲话。这些当年的学生们也已届不惑之年,重新面对他们,我不胜感慨:他们现在不正处在当年给他们上课时我的年龄吗?他们从数学分析课开始大学生活,又从大连理工大学走向社会。他们告诉我:在数学分析等课程中所受到的严格的数学逻辑训练,成为他们一生从事各种行业的主要优势和特长。毕业20年来,他们伴着祖国改革开放和现代化建设的脚步,充分施展着自己的聪明才智,在一个个不同的岗位上有所作为,并不乏杰

2013年8月1989级学生毕业20周年返校

出表现者。作为老师，我感到无比的骄傲和自豪。他们没有虚度青春年华，而我也没有白费心血。

一个人在大学的 4 年，20 岁上下，正是练就参与社会竞争、服务社会的本领的好时期，也是生理和心理走向成熟的黄金年龄段。与我所经历的大学时代不同，当今的高中毕业生离开父母上大学，他们所面对的多元化的信息社会，是人类几千年积累的文明成果，是浩如烟海的知识和信息，是数不清的机会、挑战与诱惑。任何人想要取得成功，都只能"有所为，有所不为"，大学各个专业的培养计划，就是为使他们这 4 年"有所为"而精心设计的。读书是件苦差事，是艰苦的脑力劳动，基础课尤其如此。把 3 个学期的大好青春时光，耗在苦读我教的这门 17 个学分、艰深甚至有些枯燥的数学分析基础课上，值得吗？我说很值得。因为"数学人"的基本知识和基本训练，主要是通过这门课的学习"磨"出来的。许多后续课程和数学分支，其实都是在数学分析基础上的延伸。我们可以随手找出当今最前沿数学研究的无数案例，用来展示数学分析基本功所发挥的重要作用。可以毫不夸张地说：学好它是所有"数学人"成才的必经之路。其他专业、学科，何尝不是这个道理。在社会分工越来越细的今天，只有具备 360 行中某个行当的看家本事，成为该行当的专家，才有机会做成功者。与这些"看家本事"相对应，每个专业、学科都有自己的"看家课"。大学生只有学好这些课程，并以此为基础继续前行、提高，才有可能成为本行当的专家。除了刻苦攻读，没有别的捷径可走。人生多彩，青春美好，"苦读书"当然不会是大学生活的全部。事实上，在丰富、生动、厚重的校园文化中，每个学子都有属于自己的角色。艺术社团、体育运动队，给了具有文体才能和爱好的同学一片天地；勤工助学（包括家教）可以丰富自己的人生经历，提前服务社会、自立自强；参与科技助手活动和课外科技创新，可以为自己未来从事科技活动热身；参加青年志愿者队伍，则一定可以从"我参与，我奉献"中感受到"我快乐"。当然，时间有限，就每个个体而言，只能是"有所为，有所不为"。大学生除了完成规定的学业、学分，还应该有选择地去干学业外自己喜欢的事，张扬自己的个性，充分地展现自我、发展和完善自我，同时也为多姿多彩的校园生活，留下浓墨重彩的一笔。青年人有旺盛的精力和无比的创造力，他们在这个人生黄金年龄能创造怎样的奇迹，是无法估量的。只要规划妥当，他们在大学的4年就会有最好的表现和最大的收获。

总之，我想说，无论如何，刻苦学好看家本事应该是大学生活的主旋律，是最有价值的青春年华。大学生让自己的青春闪光，首先应该从这里做起。教师的天职，就是创造一切可能的条件，为这种"青春闪光"服务。有了雄壮的主旋律，再加上源自多彩校园文化的、和谐的伴随旋律，就一定能够奏出大学生活的美妙乐章。大学时代的青春闪光和美妙乐章，无疑将成为最宝贵的一段人生经历，也是一个人走向成功的起点。

让莘莘学子们的青春在我们的校园闪光！

⊙ 原载大连理工大学报第1129期，2010年9月

学习的快乐（2012）

在浩瀚的人类文明面前，个人实在太渺小了。拼搏一生，也只是涉足很小的一个角落而已。现代人的在校学习时间不断增多，各种学前班不算，按小学6年、中学6年、大学4年、研究生硕士加博士6年计算，仅在校学习就22年，博士毕业已近而立之年，有效工作时间不过30年而已。一个普通人，必须经历持续不断地学习，才能（通过竞争）找到并胜任一个服务社会的专职岗位。除了学历教育，还有各种岗前培训。学习是继承，也是发展。例如，博士阶段的学习，就是要在某一特定领域进入人类探索、发现的前沿，而一篇合格的博士学位论文必须含有相关领域的本质性创新。做一名大学教授，就该有所在领域的独特贡献，不只是"教书匠"而已。我爱学习，凡真学懂的东西就忘不了。50年过去了，中学的数理化、外语都还在，没还给老师。那时的外语是俄语，英语是后来在"文革"时期自学的。幸亏下决心，趁年轻，抓住"文革"武斗几个月的"逍遥期"自学了英语，否则哪有后来在英语这个基本平台上每日例行的学习、工作和学术交流？我学英语、俄语，都没背过单词，也没有单词本，全凭熟能生巧，不经意间记住的。我记忆四五十年前中学、大学同学，以及40余年来教过学生的名字，也不是靠背,而是长期用心学习、积累。每次复习只出现一两个"生词",记起来就不难了。

我的大学是在不读书的"文革"风暴中度过的,"文革"十年正好占据了我从20岁到30岁的黄金年华。重返大学真正用心读书已是粉碎"四人帮"后的1978年,作为文革后的首届研究生,时年32岁。再后来,国家的改革开放才使我有机会在不惑之年去美国加州理工学院等一流大学访问、研究。1998年我拿到博士学位时,已52岁,年龄堪称"吉尼斯",一度被家长们当作教育子女的励志教材。如今,我是校园里名副其实的老先生了,但还是得不断学习,不断跟踪非线性偏微分方程领域的最新进展,否则就没法在这个行当混,也没法带学生。

学习和耕耘是快乐的。每当看到自己的工作成果被国内外同行引用(甚至写入专著)时,心中的愉悦无以言表。在每天享受人类科学最新成果的同时,也算亲身参与人类科学探索的实践活动了。即使跑龙套也光荣。信息时代,知识更新的速度越来越快了。"学习型社会"正在使学习成为每个现代文明人的终身使命。今天,即使再有学问的人,只要停止学习,就会落伍、跟不上时代。只有坚持终身学习的人,才有可能在自己的领域走得更远。

以学习为职业的学生是最幸福的人。他们用最好的年华全身心学习、继承几千年人类文明积累的精华,并努力对某个专业领域有更多了解,有机会不断接触最新的科学成就和科学思想。于是,他们是这个世界上知识最新、思想最敏锐的新人。大学4年无疑是人生中最宝贵的学习时间。

人的精力是有限的,学习也只能从每件身边小事做起,一点一滴,沿着一个方向不断积累,切莫这山望着那山高,眼高手低、好高骛远。我们面前的人类文明成果浩如烟海,现代科学的发展日新月异,世界每天都在改变。一个人的学习必须有目的性、选择性,才可行,才有效果。应该清楚:今天学习的目标,就是未来成为这个领域有造诣的专家。领域或行当的选择,除了社会需要,还应该是自己所喜欢和擅长的。这样,学习就有动力和快乐。这就是快乐学习、享受学习,未必非得"卧薪尝胆"或"头悬梁,锥刺骨"不可。

我大学毕业40多年了。今天教学、科研工作所用到知识,都是在几十年的学习中逐步积累的。学习使我每天思索不止,进步不止,始终保持生活的激情。我有许多这样的楷模——大连理工大学

2013年11月河北衡水中学"快乐学习报告会"会场

及复旦大学老书记钱冬生教授是我的老领导。20多年前，我曾在他的直接领导下工作，他到上海后我们也有联系。特别使我感动的是，他下载了我近几年在大连理工大学校报上发表的十几篇文章，并且读得非常仔细。他在充分肯定的同时，也提出中肯的意见，包括纠正错别字。他今年80岁了，但学习劲头不减，跟年轻人一样，笔记本电脑随身带，每天上网，还经常用英语浏览国外著名大学的网站，甚至还建立了内容丰富的个人微博，令我钦佩。能有这样的知音，使我倍受鼓舞。在我的成长过程中，我的导师，吉林大学老校长伍卓群教授的人品、学识和治学态度，对我影响最大。他82岁了，仍然十分关注国家大事，深层次思考教育和社会问题，每天读书、上网、学习、写作，令我敬仰。我熟悉的老数学家徐利治教授，是西南联大时代华罗庚、陈省身先生的大弟子，今年92岁了，每天都还在思索数学问题，并且每年都还有新成果、新论文发表，堪称奇迹。他总结的人生经验是："数学使我快乐，数学使我健康，数学使我长寿。"我也爱数学。尽管尚未达到对数学如此痴迷的境界，但我要说："学习使我快乐"却是真的！

⊙ 原载大连理工大学报第1261期，2012年6月

感受"代沟"（2014）

2013年开学，一位多次在教授讲座教室协助过我的2012级国家理科基地班的吉姓女同学换了一个新发型：单纯的长发分出一缕刘海儿，添了几分稚气。课间休息时，我禁不住说："你这个新发型挺萌啊。"她随即回敬："老师，你也挺潮啊。"两句话顿时拉近了40后长者与90后年轻人之间的距离。看来，只要注意学习，相隔好几个代沟的人照样可以相互理解，顺利沟通。

我的教师生涯是1970年春从辽北昌图农村中学开始的。1981年到大连理工大学当大学老师至今也有33年了。弹指一挥间：我的学生由当年的50后，变成今天的90后。

40多年前，我在农村中学讲台面对的是辽北农村的50后，相当于邻县开原（现为县级市）赵本山那伙人的年纪。在那知识不值钱岁月的艰苦条件下，我尽全力向他们传授科学知识，算是启蒙吧；我自己则通过他们了解到东北农民和农村状况，这段时间成为我珍贵的人生经历。

我在大连理工大学主讲的第一大门课是研一的数学物理方程，学生为刚毕业的1977、1978级本科生。这是我40多年教师生涯教过的最牛的一批学生。他们刻苦好学，一丝不苟。他们的课堂表

2013年11月教授讲座后与学生粉丝合影

现、课后作业、考试答卷,都给我留下极其深刻的印象。日后从他们中走出院士、校长、长江学者等各类栋梁之才,就一点儿也不奇怪了。这是十年"文革"磨难积累的精华,多为50后,有过上山下乡之类的吃苦经历,格外珍惜来之不易的学习机会。我是"文革"后的首届研究生,有大致相似的经历。能为他们的成才出一把力,是我一生的荣幸。这种教与学的全方位默契,是历史的机遇,无法复制。

接下来的60后学生,虽未亲历上山下乡等运动,但毕竟对"文革""左"的路线还有懵懂的记忆,也曾感受过物质匮乏的艰难生活。他们一上大学适逢思想解放时期,因而思想活跃,责任感强烈。1984年国庆节天安门游行队伍中突然打出"小平您好"标语,发出历史呼唤的那几个青年学生,正是北大的60后们。当然,后来有少数人走向极端,几次闹学潮的,也是60后。

改革开放年代出生的80后、90后,情况就不同了。他们赶上了中国经济发展最猛、科技发展最快的好年代。不知粮票、布票为何物，不知物资匮乏到何等程度，不知"左"的路线。大学扩大招生又使大学生的牌子不再稀罕。随之而来的是对国家、对家庭责任感的衰减，他们更加习惯以自我为中心。90后们尤为突出。其实也不奇怪：同样出生在改革开放年代，80后的父母，大约还有过上山下乡的经历，有过因历史限制未能实现人生理想的遗憾，"望子成龙"成为自然。而90后的父母们，自身就是在改革开放年代成长的，更看重实际了。父母的成长经历和历史烙印，注定要反映在孩子身上。因此，不必责怪孩子们责任感的麻木。想想看，我们这代人再熟悉不过的"家庭出身""阶级斗争为纲""（历史或现行）反革命"这样的概念，90后们怎会理解呢？他们父母也没经历过呀。三年困难时期挨饿的滋味我们刻骨铭心，而他们却觉得那毕竟属于"绿色食品"年代。多么不同的感受。

存在决定意识。每代人的特点归根结底是由社会生产力发展水平决定的。在看不惯90后某些行为的同时，是不是也该看看他们的另一面：求新、求快，追求时尚，对新事物敏感，学新东西快。而这正是老一代人所欠缺的。举最简单的例子：面对不断更新的电子产品，我们绝对玩不过年轻人。拿我来说，身为教授，每次电脑出现问题，几乎都是学生帮忙解决的。长江后浪推前浪，一代更比一代强。这是人类社会发展进步的基本规律。我的例子就是这个大道理的缩影。未来属于年轻人。在社会经济持续、快速发展的今天，这一道理愈显简单明了。

凡事都是双刃的。如今的时代，信息膨胀，知识爆炸，互联网已经彻底改变了人们的工作和生活方式。但网络上的海量信息中，虚假的也不少，常有鱼目混珠者。今天的年轻人缺少人生历练，过分依赖网络，他们的许多判断，甚至价值观问题，都过分依赖虚拟的网络环境。这种依赖很可能不靠谱，有时甚至是危险的。他们确实需要真正有人生阅历的人，把真实的历史和社会现实告诉他们。我们年轻时常请老红军讲长征，其实那不过是讲30年前的事。而今天我们跟年轻人讲"文革"，已经是在讲四五十年前的事，相当遥远了。像我这样的40后，经历了新中国曲折发展的每一步，把亲身经历讲给年轻人听，无疑是有价值的。

40多年来，教师的职业使我一直在与年轻人打交道。我在传授专业知识和人类文明香火的过程中，注意穿插个人成长经历、历史阅历的若干片段，受到学生欢迎，成为他们信息来源的可靠补充。我自己也是受益者：与年轻人交往，督促我跟上时代的步伐，至少别掉队太远。中国的发展实在太快了。

总之，所谓"代沟"，或每代人的不同特点，归根到底是由社会发展决定的。我们感同身受的"代沟"问题，其实就是今日中国社会发展进步的高速度的写照。每代人都难免有其自身弱点与历史局限性。老人阅历丰富，新人稚嫩但充满活力，代表未来。代代之间的相互交流、学习是必要和有益的。我的体会是：老师与学生的真诚、平等交流，可以相互补充，彼此受益，也非常愉快。我始终感恩陪伴在我周围的年轻人——从当年的50后，到今天的90后。这是真话。

⊙ 原载大连理工大学报第1299期，2014年9月

对话 90 后（2015）

2015 年伊始，校团委崔强老师告诉我，他们打算在校团委官方微信平台开辟"郑说心语"专栏，选发我的教育、教学随笔。为此，他征询我的认可，并说，这个微信栏目可使更多学生受益。我欣然同意，因为这正是当初写这些随笔的初衷。两三个月来，已发 5 期专栏文章，选了《赞志愿者精神》《科学发展观是硬道理中的硬道理》《校庆书怀》《大学人的文化使命》《赞"勤能补拙"》5 篇文章，时间跨度 9 年。栏目是本科生搞的，地地道道的 90 后们，文章也是他们选的。

《赞"勤能补拙"》写于 2007 年，灵感来自 2001 级数学分析课堂。文中说："'聪明'和'漂亮'是最常见的两条赞美之辞，也最容易使人陶醉。其实，此乃与生俱来，由 DNA 决定；与其说是赞美他（她）本人，不如说是赞美他（她）获得特定 DNA 的好运气。几十年'传道、授业、解惑'的教师生涯使我越来越看重后天的东西，包括诚信、勤劳、勇敢、坚强等，以及花笨功夫才得来的知识和能力。我一般不会用'聪明'或者'漂亮'去夸奖某人（特别是夸学生）。"文中特别举了一个把"勤能补拙"当作口头禅的女生的真实案例。我这个 40 后的"老生常谈"，居然受到今天 90 后的青睐,被选中、传播,甚至共鸣。受宠若惊之余,重读这些随笔,自己竟然也有几分新鲜感。

自1970年大学毕业走上讲台,我教坛耕耘45年,授课对象从当年的50后一直延续到今天的90后。教师的使命是传承人类文明香火,给年轻人补充正能量,向社会输送新鲜血液。教师自己也是受益者。近半个世纪的教师生涯,使我始终被属于不同年代的朝气蓬勃的年轻人所包围,感受着他们浓浓的青春气息,还见证了中国改革开放三四十年的历史巨变的全过程。正是与一茬茬年轻人的交流、对话,督促我不断学习,跟上这个快速发展的时代。

2000年6月30日,我被指派代表全校教师在2000届毕业生的毕业典礼上发言。想不到短短5分钟的心里话,竟引起在场数千名毕业生的强烈共鸣,场面火爆,掌声、欢呼声响彻主楼广场夜

大连理工大学团委官方微信"郑说心语"栏目小编(2016年2月)

空。这篇发言稿后来以《青春寄语》为题,收录于 2002 年大连出版社出版的《科学家寄语下一代》一书。从那以后,我开始在校报发表教育、教学随笔,累计已有 40 多篇,拥有众多学生粉丝,还被多家网站转载过。随笔的灵感全部来自与学生的互动、交流,以及学生的案例故事。篇篇随笔都是瞬时感动与几十年人生积淀叠加的自然流淌,连我自己也无法复制。这也是今天重读时自我感动的原因吧。除了写文章,每学期还利用学校教授讲座的宝贵机会,选讲学生关心的最新专题。前不久,借助学校(面向全国重点中学)"问知大讲堂"的宝贵平台,我有幸应邀到河北衡水中学和陕西宝鸡中学等著名中学,给高中生做千人规模的 90 分钟演讲"谈快乐学习",同样出现火爆场面。报告结束后,甚至被学生团团围住,索要签名,场面感人。我一再解释说,我只是普通老师,不是名人,但他们还是不离不弃,坚持索要。他们原本并不认识我,要我签名,不是因为我的"名",而是我的一个个真实故事打动了他们,我的关于"人为什么要学习,为什么要快乐学习,怎样才能快乐学习"的朴素道理被他们接受了,使他们受益了。仔细想想,也许并不奇怪,90 分钟所讲全是我几十年学习、教书生涯悟出的道理,书本上没有,网上也搜不到,100% 自主知识产权。穿插的所有故事都是真人真事、亲历亲为。

由 90 后操办的"郑说心语"专栏,以及针对 00 后的"问知大讲堂",引发我深思:到底哪些东西才有可能成为长久,甚至永恒?想一想中华文明数千年,历史沉淀后,真正流传下来的,既不是皇帝们的谕旨,也不是状元们的考卷,而是诸如记录真实历史的《史记》，阐述做人做事普通道理的《论语》，以及抒发对真善美切身感受的唐诗、宋词，等等。任何假、大、空，或者投机、赶时髦的东西，都不可能长久流传，即便曾红极一时，也只能如匆匆浮云，快速飘散。

由此联想到，教师的传道、授业、解惑，怎样做才有效果？无论讲课还是写文章，只有感动自己，才能感动别人；只有自己相信、明白，才能让别人相信、明白；只有发自内心、讲心里话，才能深入别人内心，实现心灵沟通。所以，只有感动自己、彻底想明白、发自内心、平等交流的东西，才有可能长久。切忌居高临下、标准答案式的施教。须知，世界是多元的，做人、做事并没有固定模式。平等交流，才可能有好的效果。

学习新东西很重要。要对话90后，首先得熟悉90后，熟悉这个年代的新元素和这个年代年轻人的特质。人心是相通的。只要注意学习、态度真诚，代沟不是问题。

历史的思考很重要。我们这代人经历坎坷，历尽辛苦，追寻改革开放以来中国奇迹的历史轨迹，可以悟出许多人生道理。而对历史的真实认知，正是年轻人所欠缺的。

及时记录、总结也很重要。在如此快速发展的时代，伴随着中华民族伟大复兴的主旋律，作为饱尝人间百味的长者，面对充满青春活力的年轻人，常常会受到感动，勾起往事回忆，或偶发灵感。不要轻易放过这些感动和灵感。不妨对照自己的人生经历，把受感动的道理理清楚、弄明白，及时记录下来，以此与今天的90后对话、交流，一定会是双赢的效果。

我多次说过，作为一名教师，我的上帝是学生。"使学生受益""受学生欢迎"是硬道理和试金石。时光流逝，我在岗工作的剩余时间已经屈指可数了。我会珍惜这最后的机会，继续尽我所能，服务学生。只要我还能做，只要能使学生受益。

⊙ 原载大连理工大学报第1315期，2015年6月

第二章　解读正能量

科学发展观之你我他（2008）

党的十七大突出强调的科学发展观是我们党对几十年经济建设，特别是改革开放三十年历史经验的总结，内涵极其丰富。科学发展观告诉我们：经济和社会要快速发展必须实行改革开放，必须把中国的经济发展置于世界经济发展的大环境中，与国际接轨（如今的中国经济已经成为世界经济发展中最有活力的一个环节）；必须在学习、借鉴国外先进经验的同时，强化自主创新；同时发展必须坚持可持续，再也不能盲目追求高指标，或者突击搞"运动"了。

一所大学的发展何尝不是如此。大连理工大学正加快建设国际知名的高水平研究型大学，但这个过程同样急不得。不能只盯着大学排名榜，盯着影响排名的一串串数字、指标，更应该看重的是一串串数字、指标背后的东西：学校必须有扎实的本科教学和人才培养机制作为基础，必须有严谨的学风、校风，有过硬的师资队伍，有高水平的与国际接轨的科研工作者，尤其是有能代表学校水平的领军人物及其高水准的标志性研究成果。大学是专门传承与发展人类文明的神圣殿堂。从我本人在国内外名校学习、工作的经历亲身感受到，一所大学在排名榜的位置仅仅是表象，而排名的真正内涵不仅包含学校今天的软、硬条件和研究成果，更包含体现学校鲜明个性，由历史积淀下来的学校传统、校园文化等。一个鲜明的对比是：只要有充足的资金就可以建起一座现代化的工厂，但是再多的金钱也无法凭空造出一所有影响力的大学。可见，大学的发展是多么地需要科学发展观。

一个人的成长同样需要有科学发展观。首先，人的发展应当是德、智、体的综合发展。现代社会是高度文明、法制的社会，凡事都有"游戏规则"。一个学生即使学习成绩再好，但如果没有合格的品德修养、法制观念、文明习惯，照样无法充当任何重要的社会角色，甚至有可能成为社会的害群之马。判断一个人可能达到的社会位置，除了要看他的本事和才学，还要看他的道德修养和文化品位。而道德修养和文化品位的积累绝非一日之功，而是需要伴随人生阅历的"历史积淀"。此外，智育的发展也不完全是由考试分数来衡量的。应试能力固然也是一种重要的能力，但今天的人们在自己的社会实践中所面对的各种创新性工作无疑要复杂和困难得多，是任何考试都不可比拟的。

人们经常批评的"高分低能"就是违背科学发展观的典型后果。我的体会是，一个人从小学、中学到大学的十几年，正是贯穿整个少年和青年时代的黄金岁月。他在这一段黄金岁月的首要任务就是高效率地学习人类文明积累几千年的知识精华，掌握作为当今社会合格成员所必须了解的基本知识。一系列考试都是为了考核这一学习情况。读书不是为考试，而是为学本领。仅仅被动地继承已有知识和应付考试是远远不够的，还必须逐步积累独立发现与解决问题的能力，增强自主创新的意识和能力。应该在学习前人已有知识的同时，多了解一下产生这些知识的渊源。例如，了解一个个具体科学规律被人类发现的曲折、生动的过程，并且主动寻找"小试牛刀"的实践机会，这样才能使自己更聪明、更自信。

一个人的科学发展，还包括对自身的充分了解。我们常说一个人要有志向或抱负，其实先要弄清楚自己到底"喜欢什么"和"擅长什么"。只有这两条清楚了，学习才会有目标、有动力、有效果，奋斗才会有方向。人生最大的幸福莫过于一辈子都在干自己喜欢并且对社会有益的事情，这样，既是用自己的特长参加社会竞争，也是通过自己最喜欢和擅长的工作服务社会。一个人只有 enjoy（享受）工作，才有可能 enjoy 人生。在我看来，这就是一个人"科学发展"的根本原则和方向。

⊙ 原载大连理工大学报第 1176 期，2008 年 3 月

科学发展是硬道理中的硬道理
——再谈科学发展观之你我他（2009）

马克思主义历史唯物论认为，人类文明的发展进程是由社会生产力发展水平所决定和度量的。邓小平同志的名言"发展才是硬道理"，堪称我们党结束十年动乱、拨乱反正的标志性口号，也是中华民族决心实现自己伟大复兴的震撼世界的一声怒吼。改革开放至今中国经济创造了连续三十年两位数增长率的人类奇迹，迅速崛起成为当今的世界工地、世界工厂。它彻底改变了中国的面貌和十三亿中国人的命运，使中国经济成为世界经济发展中最有活力的一个环节，甚至正被看作扭转全球金融海啸的希望所在。想当年，伴随中国社会大发展的起步，曾有过一场全民的思想大解放，甚至也曾不得不暂时付出"让一部分人先富起来"这样的社会成本，以及屡屡造成环境问题这样的历史代价。今天，如果没有科学发展观和新的思想解放，就难以保持过去三十年的发展势头，就不会有更高层次的可持续的发展。正如三十年前"发展才是硬道理"在历史的紧要关头决定性地影响了中国社会发展的走势和几代中国人的命运，今天的"科学发展观"同样也将决定中国下一个几十年的发展，关系到你我他中的每一个人，可以说是硬道理中的硬道理。

科学发展是一个系统工程。正如自然界的大河都是由小河汇聚成的，国家的科学发展也是由各地区、各行业的科学发展集合而成的。而一个地区、行业的科学发展又是由更小单位乃至个人的科学发展集合而成的。大连理工大学作为中国高等教育国家队"985大学"的一员，对于实现科学发展观负有特殊的责任。其实，从我们建设国际知名的高水平研究型大学所迈出步伐的幅度本身，就可以衡量我们实践科学发展观的效果。例如，大学的首要职责是不断地向社会输送人才，于是我们培养精英人才的数量和质量，直接关系到我们对国家发展贡献的大小。又例如，作为高水平研究型大学，必须在科学技术发展的国际舞台占据一席之地，于是用怎样的科学研究创新成果贡献人类、服务社会，也直接关系到大连理工大学在国家的发展乃至人类文明发展中的角色定位。

科学发展要抓住要害、关键。正如一场大戏首先要看主演特别是领衔主演的水平和表现，代表学校水平的领军人物的层次、学校标志性研究成果的水平量级至关重要。于是，无论人事制度改革，还是内部管理体制改革，或者集成学科、科研优势，提升服务社会能力和国际化水平，都应着眼于使学校具有国家级水准的拔尖人才脱颖而出。而为拔尖人才编写更好的剧本，搭建更好的舞台，提供更好的服务，就应成为全校同仁的共识。科学发展需要不断解放思想。以教学为例，处身知识爆炸的信息社会，面对每时每刻不断涌现的新知识、新思想、新信息，要想在如此汪洋之大海中把二十岁的大学生吸引到你的课堂，抓住他们的心，让他们有学习的冲动和效果，教师怎么可能依然死守老观念，用同一份旧讲稿"重复昨天的故事"呢？于是，光有尽职尽责显然不够，必须不断解放思想、学习新东西，不断深化教育教学改革，使得（由教师及管理部门组成的）学校教育体系始终保持创新姿态，学校教育教学的各个环节（包括教师个体）始终充满激情和活力。学校的其他部门也是一样，都应该通过不断学习和解放思想，使自身工作的内容和方式适应社会的高速发展，最有效地为学校的教学与科研这两个中心工作服务。

科学发展讲求可持续性。再好的表现，如果来自心血来潮的即兴表演，或急功近利的临时突击，都只能是一次性的，不可能长久持续。我们这代人经历过太多的"运动"，曾亲身体验依靠搞运动（或其他非常规手段）谋发展而适得其反的一次次教训。为实现可持续性，除发展目标的科学性，还必须有相应的体系、机制和队伍作为保证，确保每个机构和部门的高效运转。现代企业所面对的（产品质量、性价比等方面的）激烈的市场竞争，所较量的早已不是谁的思想觉悟更高或者干劲更大，而是在比谁的设计更合理、技术更先进、质量更可靠，并且更具服务和价格优势。这就需要不断根据最新技术和市场需求推出新设计，制定相应的工艺规程和检验制度，其员工则必须具备对这些规程、制度自觉遵守的基本素质。于是，我们要把对学习和解放思想的要求固化到规章制度中，落实到管理机制上，确保日常工作质量的提高。各个单位、部门无一例外。

实践科学发展观要从我做起、从现在做起。在竞争与机会以秒计算的当代社会，凡事争分夺秒的必要性不言而喻，早一步与晚一步，其结果常有天壤之别。在社会分工越来越细的今天，每个人的岗位和职责都非常明确，角色各不相同。无论处在哪个岗位，都应该勤于学习，跟上时代，钻研业务，做好本职工作，并成为所在岗位、行当的专家。实现科学发展观，不只是少数领导或精英们的事，而是人人有份、人人有责。从统计学意义上讲：只有国家和学校发展了，蛋糕做大了，个人得到的那一份才会更大。

⊙ 原载大连理工大学报第1206期，2009年6月

解读"正能量"(2013)

"正能量"是媒体、网络出现频率很高的一个新词儿,是人民大众对积极社会行为的赞扬或褒奖,折射着中华民族伟大复兴的时代精神。

所谓正能量,就是有益于社会进步的力量,给他人带来幸福、快乐的力量。社会的进步、人民的幸福,全都来自正能量。

市场经济下,社会资源是按经济效益通过市场实现配置的。效率优先是市场经济发展的基本规律。在市场竞争中,人们理所当然地追求以最小投入,获取最大回报。人们的行为取向必然要受那双"无形的手"左右。市场竞争是冷酷无情的。但是,第一,这是有序的竞争,必须遵守游戏规则;第二,市场竞争并非大千世界的全部。人世间总还需要温情,需要有对相对弱势群体的关爱。只有这样,才使人有别于动物,人类社会有别于自然界。

雷锋精神是正能量的最典型代表。他的人生哲学是:"我觉得一个人活着就是为了使别人过得更美好"。与市场经济法则相反,雷锋追求的不是个人利益最大化,而是对社会的奉献最大化。所有乐于助人者是社会正能量的典型代表。

当今社会传递正能量的最大群体也许是志愿者,特别是青年志愿者。他们并不满足于一己的温饱、幸福，而是有更高的精神追求。他们利用业余时间，为公众、尤其是急需帮助的人提供无偿服务。2008年北京奥运会期间，数以十万计身穿浅蓝色T恤衫的志愿者们，面带微笑，在赛场内外的各个场合、各个环节，为运动员及观众提供各种无偿服务，成为北京奥运会的一道亮丽景观，也把奥运志愿者"我参与、我奉献、我快乐"的正能量之歌，传遍天南海北、四面八方。

提供无偿服务的志愿者也还不是社会多数。对于普通人来说，最基本的正能量其实就是老老实实做好本职工作。一个人最基本的社会价值，归根结底是通过其完成本职工作的质与量体现的。人不能好高骛远。离开称职的本职工作去谈"正能量"，只能是奢谈、空谈。

做好本职工作有两个基本要点，那就是过硬的专业技术与严格的职业操守。医生要会看病，教师要能传道、授业、解惑。为此，好的医生、教师都得有自己的"金刚钻儿"，即看家本事。只有钻研业务，成为所在领域的行家里手，本职工作做出成绩，才有可能将自己对社会的正能量最大化。然而，眼下更突出的问题出在职业操守上。本来，任何职务中的权力都有"笼子"约束，任何社会行为都有"游戏规则"。很遗憾，我们看到的现实却是：上上下下的各类岗位，总有人越出"笼子"运作手中的权力，谋取私利。小到医院个别医生收受红包，幼儿园、小学个别教师收礼，大到省部级甚至更高级别官员的贪赃枉法。这就是今天人人痛恨，却又随处可见的社会腐败。腐败是最典型的"负能量"。它与"三个代表"彻底背道而驰，不仅直接破坏生产力的发展，危害广大人民群众的切身利益，而且严重败坏社会风气，腐蚀人们的灵魂。

从更广的意义说，广大社会公民模范遵守社会公德，是和谐社会的基础，当然也是正能量。也许我们无法做到像雷锋、郭明义那样，把为他人服务作为最大的人生乐趣，也做不到危急关头见义勇为。也许我们没有特殊的才能，不是社会精英，做不出惊天动地的大事。但是，遵纪守法，养成文明习惯，遵守社会公德，却是人人都能够做到的。芸芸众生的点滴正能量汇聚起来，就是推动社会进步的巨大力量。相反地，如果给百姓、社会添堵、添乱，成为"麻烦制造者"，如果因为自己的行为而忙煞警察、环卫工人或监考老师，那就是不折不扣的"负能量"了。当今中国，除了以腐败为代表的"负能量"，社会还有不少黑暗面和种种不尽如人意的地方。有人只盯着这些黑暗面，因而消极悲观，怨天尤人。作为新中国六十多年艰难曲折发展每一步的亲历者和见证者，我真真切切地看到，拨乱反正、改革开放三十多年来党的路线是正确的，中国走向现代化的发展进步是天翻地覆、前无古人的。

当今中国在发展中即便出现了这样那样的问题，归根结底还是高速发展过程中产生的问题，而不是落后、停滞带来的问题，因此也是一定能够在继续发展中逐步克服、解决的。我们完全有理由对中国的未来充满信心。不作为的"忧国忧民"，散布消极悲观情绪、说泄气话，只能瓦解斗志，也属于"负能量"。作为教师，当我们站在讲台上面对充满朝气的 90 后的时候，自己必须拥有乐观、阳光的心态。多给年轻人鼓劲、加油，而不是相反。这也是我们传递正能量的基本前提。

总而言之，我们每个人都该多一点"正能量意识"，多一点"正能量行动"。传递正能量的人越多，实现中华民族伟大复兴的历史伟业就越有希望。我们多么希望身边多一点清廉，少一点腐败；多一点遵纪守法，少一点违规、违纪；多一点与人为善，少一点妨碍他人；多一点乐观、阳光，少一点消极、悲观。我们多么希望中国继续充当世界经济的领跑者与21世纪地球人的领衔主演，使我们每个人的人生多一份幸福，多一份光彩。作为国家"985工程"重点建设的大学，我们大连理工大学应该是社会正能量的重要来源与输出者。我们都应从我做起、从现在做起、从身边小事做起，同心协力培育充满正能量的校园。这不仅是在对国家做贡献，也是在为我们自己创造最温馨、愉悦的环境。设想，如果校园里人人都在传递正能量，那么，我们每天的工作、学习该有多么愉悦的好心情啊。

⊙ 原载大连理工大学报第1283期，2013年9月

中国梦之你我他（2014）

党的十八大以来，"中国梦"成为神州大陆第一流行语，深入中国百姓之心，甚至影响到国外。从鸦片战争到抗战结束的一百多年间，中华民族受尽屈辱，直到1949年新中国诞生，人民大众才翻身解放。那个时代国人的梦想就是重新自立于世界民族之林，做堂堂正正的中国人。1978年拨乱反正，中国回归历史唯物主义"发展才是硬道理"的康庄大道。三十多年的改革开放不断创造中国奇迹，使中国成为世界第二大经济体。类似的历史跨越，西方发达国家是用了二三百年的时间才完成的。任何国家、民族的梦想无不打着时代的印记，今天的中国梦就是在本世纪内全面实现现代化，完成中华民族的伟大复兴。

马克思认为，存在决定意识。人首先得保证基本生存需求，然后才有可能顾及其他。土地革命后，中国农民的梦想曾经是简单的"两亩地一头牛，老婆孩子热炕头"。随着经济的持续快速发展，中国今天已进入城市化的快车道。于是，全面享受现代文明也就理所当然地成为亿万国民的基本诉求了。回想1984年我第一次到美国时，西方世界的现代化程度曾令我叹为观止。我绝对没有想到，仅仅二三十年后，中国会如此神速地后来居上，高楼大厦、高速公路、高速铁路、现代通讯如雨后春笋,汽车也纷纷走进普通百姓之家。这个"绝对没有想到",其实也自然:那时我的工资只是人民币两位数,如今已是五位数,想的咋能一样呢?今天"梦"字如此时髦,归根到底,还是亿万国人迅速解决温饱、步入小康以后,有了更高层次的追求。今日的中国梦,落到实处,就是要使每个普通中国人都有施展自己聪明才智的机会,都能享受现代文明,过上富裕而有尊严的生活。

说到中国梦,就不能不说说美国梦。美国梦也是伟大的。这个总共只有两百多年历史的移民国家,只用了百余年时间就超越英国成为世界老大。美国奇迹是由来自世界各地的移民创造的。所谓美国梦,讲的是任何一个新移民,都可以通过个人奋斗获得成功。强调的是个人奋斗。

中国的传统文化与国家体制,决定了人民与国家是命运共同体。中华民族的伟大复兴,与每个中国人的前途命运息息相关,与亿万国民实现共同富裕、幸福、有尊严地生活,是同步的、捆绑在一起的。在中国高速发展的大背景下,人与人的竞争,不再是你死我活的"零和游戏"。尽管竞争和差别永远存在,但中国领跑世界经济这个活生生的现实,使得实现共同富裕不仅应该,而且可行。

世界是多元的。虽然多数人有共同的诉求,例如:理想与稳定的收入;舒适的住房与便利的交通(包括私家车);贴心的伴侣与美满的家庭,等等,但毕竟每个人的环境、地位有别,兴趣爱好各异,因而个人有不同的物质与精神文化追求也属自然。

梦想不能只求物质不管精神,也不能只求回报不管奉献。在基

2014年4月与陕西宝鸡中学学生交谈

本的"游戏规则"之下，个人期望得到满意的社会回报，只能以努力服务社会为基本前提。梦想要接地气，从实际出发，切忌盲目攀比；在明确自己想要得到什么的时候，先要想到自己究竟能为和谐社会与国家的现代化建设做些什么。于是，年轻人的梦想还应该包括这样的内容：发现、发展自己的兴趣、特长，通过持续不断的努力与积累，逐步成为某个行当或岗位的专家。只有这样，才能快乐而有效地服务社会，并以此取得相应的社会回报。这就是任何美好梦想的根基所在。

拿我来说，我是搞数学的，教数学、研究数学正是我的快乐和特长。我只做这一件事。无论是把数学道理、数学美传授给学生，还是为数学科学的大厦添砖加瓦，我都乐在其中。这是在为国家的现代化建设乃至人类文明的进步出力，收入可观，衣食无忧。但我也注意到，同样的数学却使许多人（包括名人）痛苦不堪。我曾听某位文化名人自曝：她最经常的噩梦就是考数学，并每每在噩梦中呼喊："我是学中文的，为什么还要考数学？"可见，幸福也会因人而异。留心培养适合自己的特长，选对职业，确定自己的社会角色太重要了，最好能有自己的"金刚钻儿"。此外，人是社会的人，任何梦想都要有底线：一是（从法律、法规层面）凡事必须遵守"游戏规则"，首先是遵守法律和职业道德；二是（从道德层面）不能损害社会、妨碍他人。

继续以数学为例。对于数学科学来说，从公理出发的严格演绎推理是证明数学真理的唯一途径。数学研究中的大小猜想就是数学的梦，是数学研究的目标和动力。最近几年，具有轰动效应的费尔马猜想、庞加莱猜想这类里程碑式成果的最终证明，全都经历了几代数学人的艰苦努力，在数以百年计的历史沉淀的基础上最终完成的。

中华民族伟大复兴的中国梦，是亿万中国人的梦想累积起来的。同样的，每个人的人生理想，也只能由各个阶段小梦想累积而成。作为今日这个星球上最有活力的地方，中国不仅拥有数不清的世界第一，而且主要工业品（包括钢、水泥、家电、轻纺工业品等）的产量已经达到甚至超过世界其他国家的总和，几乎是在与全世界PK了。所以，中国今天所面临的诸如PM2.5严重超标这样的问题，归根到底仍然是史无前例的高速发展所伴生的，而不是由停滞、落后造成的。克服这些严峻问题是挑战，更是提升到更高层次和可持续发展的历史机遇。

随着中国这块蛋糕越做越大，每个中国人（特别是中国年轻人）都可以在中华民族伟大复兴的历史洪流中扮演好自己的角色，通过一步步的扎实努力，实现自己的梦想。无论梦想本身，还是实现梦想的过程，都无限美好。

⊙ 原载大连理工大学报第1295期，2014年5月

从"颜色革命"谈起（2014）

这几年，国际上一直不太平。西方势力在动荡不安的欧亚非热点地区频繁策划所谓"颜色革命"，但事实证明，所有这类"革命"的结果却总是带来更大的动荡和混乱，老百姓的日子也更痛苦。在西方反华势力的鼓动下，香港的"占中"闹剧折腾了两个月，严重伤害了香港的经济与法制，以及香港百姓的安定生活。与西方的经济萧条、热点地区的动荡相反，中国作为世界第二大经济体，政局稳定、经济繁荣，充满生机活力，成为一道独特的风景。即使如此，还是有人对中国看不上眼，对中国共产党执政看不上眼，幻想在中国也来一场"颜色革命"。这些人大概忘了，前几年美国次贷问题、这几年欧债问题引发国际金融危机，世界经济遭受重创的危难时刻，哪一次不是指望（中国共产党所领导的）中国出来充当世界经济企稳、复苏领头羊的角色呀？

有人质疑中国共产党领导中国的合法性。其实，中国共产党在中国的执政地位，是历史的选择。回顾第一次国内革命期间，中国共产党在国共合作反对北洋军阀的北伐战争中是出了大力的。但蒋介石和国民党容不下共产党，背叛革命，发动"四一二大屠杀"，共产党人血流成河，所以才有南昌起义、秋收起义，才有长征。在日本侵略中国的民族危亡时刻，中国共产党从民族大义出发，把红军改编成国军的八路军和新四军，在国共合作共同抗日的斗争中也是出了大力的。但抗战胜利后，蒋介石和国民党还是容不下共产党，1946年发动全面内战，想要一举消灭共产党。没想到，蒋介石发动这场内战的结果却是自己在中国大陆的独裁专制土崩瓦解，溃败台湾。人心的向背把中国共产党推上了执政党的位置。这不是哪个人的意志和选择，而是历史的选择。新中国诞生后所实行中国共产党领导下多党派合作的政治制度，既合乎中国社会发展的历史逻辑，也符合中国国情。

还有人质疑中国共产党领导中国的合理性。其实，世界是多元的。我们并不否认西方民主制度的生命力及其对人类文明的贡献。两党制或多党制下的互相制约，有其合理性。但凡事都是双刃的，这种制度下的内耗和短期行为等问题也是与生俱来的，包含着相互拆台、颇具破坏性的另一面。台湾立法会屡屡上演的武斗闹剧已经在明示：此类制度在中国这样的人口大国行不通。作为对照，我们可以列举中国共产党领导中国的巨大优势：首先是执政的连续性，使得政府可以有更长远的规划和打算。新中国建立以来，接续不断的一个个"五年计划"已经累积到了"十二五"，并且随着市场经济的发展，"计划"变成了"规划"，这在两党制或多党制下是不可想象的。我们不能妄自菲薄，所谓"举国体制"虽有弊端，但其巨大优势却是主要的，只要例数"两弹一星"、三峡工程、南水北调工程、无与伦比的北京奥运会，以及迅速走向世界的中国高铁，等等，就能有所领悟。那在中国共产党领导下如何实现所谓"相互制约"的模式呢？在多元化的世界，纠正错误或相互制约不会只有一种模式。事实上，像"反右""文革"这样的历史错误，都是中国共产党自己主动和彻底纠正的，并没有反对党的制约。中国走上改革开放的康庄大道，同样不是靠反对党制约，而是中国共产党自己拨乱反正以后，通过"摸着石头过河"一步步摸索的。有些人对党治理腐败缺乏信心。其实，作为执政党，中国共产党并无一己之私、一党之利，而是始终把代表人民利益、为人民服务作为立党之本。腐败与党的性质是不相容的。党的十八大以后，党中央惩治腐败的决心和力度有目共睹，自上而下反腐的成果也开始显现。十八届四中全会又进一步明确了"依法治国"的根本理念。随着中国法制化进程的不断进步，中国不仅将更有效地惩治腐败，而且将从根本上逐步铲除滋生腐败的土壤。21个APEC国家（地区）领导人在2014年11月落幕的北京APEC会议决议中明确宣示：支持中国倡导下制定的《北京反腐败宣言》，承诺"拒绝成为腐败分子及其非法资产的避风港"。于是，腐败分子也正在失去他们通过外逃躲避制裁的天堂。全世界都看到了：中国共产党惩治腐败是在动真格的，是一定会胜利的。

党的十八大提出：在中国共产党成立一百年时全面建成小康社会，在新中国成立一百年时建成富强、民主、文明、和谐的社会主义现代化国家。中华民族伟大复兴的中国梦深入人心，没有人能够阻挡十三亿中国人民在中国共产党领导下实现这一梦想的脚步。中国共产党坚强领导下的中国将以人类不曾有过的经济奇迹和明显有别于西方的民主法治，对人类文明的发展做出更大的贡献。

⊙ 原载大连理工大学报第 1305 期，2014 年 12 月

感悟依法治国的大小道理（2015）

我们都知道，生产力是度量人类社会发展进步的根本标准。国家形态、上层建筑、人的思想，都是由那个时代的生产力发展水平决定的。这是马克思的发现，是历史唯物主义的基本观点。改革开放 30 多年来，伴随中国经济持续高速发展，中国社会的法制化进程也进入快车道。与所谓"橡皮图章"的偏见相反，今天没有哪个国家的立法机构，会像中国的人大常委会这样勤奋、繁忙。把依法治国尊为基本国策，既是中国社会进步水到渠成的必然结果，也是中国社会向更高层次发展的基本保障。

中国超越人类极限

2015 年 3 月 31 日，基辛格在北京中国发展高层论坛上，对比他 1971 年秘密访问中国时的北京旧貌，用"超越人类极限"来形容中国所发生的历史剧变。在全球经济不景气的大气候下，亿万中国人辛勤劳作，正在服务甚至供养全世界。不难发现：凡当下最流行的新玩意儿，必有中国印记。就连 2014 年巴西世界杯的件件器物，从比赛用球到球迷用品，乃至安检机，也几乎无一例外来自中国。今天中国面临的种种严峻的环境与社会问题，不过是这场超越人类极限的历史剧变的伴生垃圾，一定会随着新常态下的深层次改革与扎实的法制化进程，逐步化解。

"文革"是法制的反面教材。作为亲历者，我可以见证："文革"是一场彻底违背历史唯物主义的全民运动，是用思想、政治冲击一切的左的路线的极致。党委、政府瘫痪，公检法被砸烂。大量并无社会危害的人，仅仅因为家庭出身、政治历史问题，或者某种思想、言论（哪怕是闲谈或向组织交心场合），就可以轻易被定罪，甚至剥夺生命，而且株连九族。抽象的"思想革命化"是那个时代的唯一标准。于是，知识多、贡献大，竟都成了包袱和负面资产。"文革"证明，现代中国不能靠"红宝书"和"最高指示"治理，而只能靠法制，即覆盖全社会的细致的"游戏规则"治理。

市场经济需要法制

生产力标准选择了市场经济，而市场经济的基本原理却是利益驱动、效益优先，追求"以最小付出获得最大回报"。这个双刃的经济体制，格外需要有完善的游戏规则。舍此，连一场足球比赛都无法进行，更不用说牵扯每个人切身利益的市场经济活动了。所谓"第一桶金"可能不够干净，多指趁游戏规则尚不够健全或执法者疏忽，获取了超常利益，作为发家起步的原始资本了。

反对腐败需要法制。从大老虎到小苍蝇，一切腐败行为的共同特点是利用岗位权力谋取私利。徐才厚把腐败做到了极致，赤裸裸地买官、卖官，赃款数以吨计。今天社会公民的"必做题"其实很简单，一是守法，二是做好本职工作（含恪守职业规则），毫不复杂、高深，与贪官们的检讨说辞"理论学习不够"或"放松了思想改造"之类，基本无关。社会公德也很要紧，算必做题。至于志愿者行为或舍己为人的高尚情操，就属于更高层次的精神追求了。对社会大众来说只是"选做题"，无需考核。现代文明社会中，"为私"不可耻，可耻的是"不守规矩"。惩治腐败就是惩治"不守规矩"。法制有两个要素缺一不可：一是法制本身要健全，且可操作、可检查；二是执法要严格，在法律面前人人平等。十八大后中央出台的八项规定和六项禁令就是可操作的法制武器，而且宣示：首先从中央政治局做起，要求别人做到的自己先做到，要求别人不做的自己坚决不做，以良好党风带动政风民风。实施两年多，反腐及扭转社会风气效果显著，赢得了民心。"法律面前人人平等"是法制社会的一条公理。回想"文革"初期，针对某些左派乱扣帽子的学阀作风，彭真同志主持起草的"二月提纲"曾提出"真理面前人人平等"的响亮口号。这个口号明明正确，却被作为修正主义加以批判。于是，文革只能一步步地错上加错，最终酿成荒谬的历史悲剧，也就不奇怪了。

　　法制是社会和谐的前提，并非全部。还需要有约定俗成的社会公德保护隐私，勿扰他人。需要有温情和人文关怀，特别是对市场经济竞争下弱势群体的人文关怀。需要有给人带来温暖的志愿者行为。需要有"我觉得一个人活着，就是为了使别人过得更美好"的雷锋，"帮助别人，快乐自己"的郭明义。需要有无数的"感动中国"人物和事件。作为法制的补充，这些永恒的人间温情与美德，同样也是今天和谐社会不可或缺的。

⊙ 原载大连理工大学报第 1311 期，2015 年 4 月

谈自信（2015）

自然景物变化莫测，万紫千红，找不到两块完全一样的石头。人间景象更是生机勃勃，气象万千，找不到两个完全相同的人。即使是拥有相同DNA的双胞胎，也总还多少有特质上的差异，使得周围的熟人都可以辨认。每个来到这个世界的人都是独一无二的，过去、现在和将来都不会有第二个。人生太珍贵了，理所应当在几十年的人生舞台绽放自我、塑造精彩的自我。所谓"人间正道"，其实就是：充分发展自己的兴趣、潜质、特长，扮演好一个合适的社会角色，通过服务社会，实现人生价值；同时得到相应的社会回报，找到属于自己的快乐幸福。

随着科学技术与生产力水平的高速发展，人的社会属性越来越突出。我们生活在一个"专家时代"：每个成员都有非常明确的社会分工，都在以专业的角色通过自己或大或小的本事服务社会，从诺贝尔奖级别的科学家，到普通务工者。就像人们常说的："360行，行行出状元。"其实，如今的行当数目早已多得数不清，远不是"360行"所能形容的了。同样是拿手术刀的外科医生，差别却大得很：脑外科、胸外科、腹外科、脊椎外科、骨外科……分工极其严格、细致，否则就当不了相关手术的专家。所谓大学教授，充其量也只是自己相对熟悉领域的专家而已。各行当都有自己的专家（即能工巧匠），甚至同一生产流水线上的各个工序，也都有自己的专家。每个人从小开始接受教育、培训，无论是按国家九年义务教育规定读到初中毕业，再经必要的职业培训就业工作，还是沿着一个学科方向一直读到博士毕业，本质都是一样的：一方面通过继承人类文明成果，取得成为社会合格成员的入门知识，另一方面，通过职业培训或更高层次、更专业的学习，成为一个行当的专家。都是专家，都是社会需要，社会分工不同，专家的层次、类别不同而已。

21世纪被称为中国世纪。今天的中国年轻人拥有最多、最好的发展机会，不仅老一代羡慕，也令外国年轻人羡慕不已。有人却对自己不够自信，盲目攀比，恨不得把自己整容成心中偶像的模

2013年11月讨论会后与2012级理科基地班学生合影

样。为什么不用心挖掘自己的特长，发展自身优势，通过几十年扎扎实实的努力与积累，完善那个独一无二的自我，做一个（哪怕是再小）行当的专家，服务社会，赢得众人的羡慕和尊敬呢？这就是人们常说的，既要有理想，又要接地气；既要善于规划，又要落实到行动。今天的中国，真有"金刚钻"的人才是不会被埋没的。

一般说来，人们先天条件的不同，也只是特点不同而已，并不能简单地把某些特点说成优点。例如，大可不必羡慕别人眼睛大，因为从进化论观点看，人类作为进化程度最高的哺乳动物，眼睛相对小一点是合理的。眼睛小并不影响视力，却更安全。事实上，对眼睛大小有特殊要求的行业只是极个别的特例。个子高的利与弊也是显然的。智商高似乎是优点，但大部分行业对做事认真、细致、准确等基本素质的要求，远大于对智商的要求，甚至像数学这样的相对高智力行当也不例外。勤奋、认真、坚持才是成功之道。马马虎虎，缺乏耐心的人，再高的智商也难有舞台和作为。

人生而平等。大可不必为自己的先天条件而自卑或气馁。诗人李白一千多年前就有过"天生我材必有用"的名句。要对自己有充分的自信，首先需要做的，就是通过反复摸索、实践，逐步确立自己的兴趣与特长所在。教师或师傅固然很重要，但任何功夫归根结底都不是别人教会的，而是自己练会的。只要注意在每个求学阶段，在每天的工作、学习、生活中，用心积累，不断磨练自己的那个"金刚钻儿"，就能最终修成某个（或大或小）行当的专家里手。其次是需要把握人生的机会。天上不会掉馅饼。在瞬息万变的现代社会，许多机会稍纵即逝。本领要靠自己修炼，机会也要靠自己寻找、把握。

除了持之以恒修炼本事，当好专家，还有个人修养和文化品位的问题。人作为有别于其他动物的高等动物，很多场合下，文化品位比外在形象更重要。这方面，每个人都有巨大的修炼空间。须知，这是除了DNA以外，区别于其他人的最重要标志之一。设想，如果一个人能够用自己的本领和优质工作服务社会，又能以自己的道德修养和文化品位愉悦他人，那么，这样的人生该有多充实、多幸福。

自信与向他人学习并不矛盾，现代人尤其要善于与他人合作。现代社会早已不再是单打独斗、散兵游勇的年代。任何人的成功，都离不他人的协作，离不开团队。

作为现代文明人，在高度竞争的市场经济条件下，显然要有"进取心"。要通过坚持不懈的努力完善自我，凭借自己的相对优势、特长，在合适的岗位做竞争的强者，切忌遇到困难就自暴自弃。但也要有一点"平常心"，接地气，切忌盲目攀比。此外，身处社会分工如此细致的大环境中，理应始终对社会、对他人的服务深怀"感恩之心"，切忌一遇挫折就怨天尤人。这"三心"不仅是取得成功所必需的，也是感受快乐幸福所必需的；同时，还是每个人，不论先天条件如何，都能够做得到的。应该属于"自信做人"的基本道理吧。

⊙ 原载大连理工大学报第1230期，2015年10月

再谈自信（2015）

前文谈了做人的自信。本文接着谈做中国人的自信，包括人种自信、文化自信、理论自信、道路自信、政党自信。

人种自信

地球上的人生而平等。人种不同，各有特点。中国人属于黄种人，论眼睛大、皮肤白、身材高不及白种人，论体能不及黑种人。但黄种人智商并不差，而现代社会，智力比体力更重要。我们该有自信。

文化自信

中华文明是独特的：并非最古老，却是唯一没有间断过的文明。在中国，幼儿园孩子就能背几首一千年前的唐诗，中学生就能阅读两千多年前的《论语》《史记》的片段。现今世界经济发展的亮点东北亚（中、日、韩），恰好同为黄种人，同有儒家文化的影子。当然，中华传统文化也有软肋，特别是民主、科学元素的欠缺，正是中华民族近、现代落后挨打的深层次原因之一。五四运动提出的德、赛二先生也好，十一届三中全会后推出的改革开放也好，都说明了中华传统文化需要继承，更需要发展和提高，一旦广泛汲取人类文明的其他成果后，它那无限的生命力。

理论自信

作为教育、科学工作者,我把马克思主义视为科学。马克思主义的核心是历史唯物主义,它认为:生产力是度量社会发展进步的根本尺度;任何时代人们的思想、社会形态和政治制度,都是由那个时代的生产力发展水平决定的。这是与达尔文生物进化论相对应的关于人类社会发展进化规律的基本理论,是石破惊天的科学发现。马克思主义认为,一切束缚生产力发展的政治制度(例如马克思时代的资本主义)都注定要灭亡。今天的资本主义,已经不是马克思时代的那个私有制与社会化大生产尖锐对立,劳、资尖锐对立,随意雇佣剥削童工的资本主义了,国家调控和社会保障机制已经随处可见了。可以说,马克思时代那个血淋淋的资本主义已经不复存在。苏联解体、东欧巨变的最根本原因,还是出在生产力发展的缺失上。重新审视我们自己曾经走过的路就会发现:经济建设时期的以阶级斗争为纲和无产阶级专政下继续革命之类,都违背了马克思主义的基本原理;而十一届三中全会以后的拨乱反正,把发展作为硬道理,全心全意发展社会生产力,才是回归马克思历史唯物主义的正确道路。说到底,发展社会生产力和为广大人民群众谋福祉是马克思主义的基本出发点。我们今天所坚持的马克思主义,不再是书本上的教条,而是中国共产党人与亿万中国人民,在中华民族伟大复兴历史洪流的集体实践中,与时俱进,不断创新、丰富、发展的活生生的理论和科学。人类的美好品德是相通的。今天社会主义核心价值观的那24个字,就生动体现了马克思主义博大的包容性。

道路自信

西方民主制度是西方国家对人类文明的一大贡献，确实有其存在的合理性与生命力。但世界文明是多元的，民主也不会只有一种模式。我们看到的现实是：简单地向欠发达国家和地区强行移植西方民主模式，进行所谓"颜色革命"，罕有成功案例，灾难却层出不穷。新加坡的民主模式与西方已有差别，大中国行之有别就更不足为奇了。1945年抗战胜利后，是蒋介石与国民党坚持一党专政，一定要用武力消灭共产党，最终导致自己溃败台湾。1949年，中国建立起中国共产党领导的多党派民主协商的政治制度，是合乎中国国情的历史的选择。1978年，中国共产党纠正自身错误，回归马克思历史唯物主义正确道路，实行改革开放，中国随即创造了人类不曾有过的经济持续高速发展的奇迹。2015年3月21日，美国前国务卿基辛格在"中国发展高层论坛2015"上，用"超越人类极限"来形容中国发生的巨大变化。当然，与中国30多年"超越人类极限"发展同步的还有令人痛心疾首的伴生垃圾，包括环境、腐败、贫富差距等方面的严重社会问题。应该看到，"超越人类极限"的中国奇迹是通过改革开放，借鉴西方经验，坚持走中国特色社会主义道路取得的。没有中国道路，就没有中国奇迹。要铲除高速发展过程中的这些伴生垃圾，既不能像过去那样停顿下来搞运动，也不能放弃中国道路，再去全盘照搬西方，而只能通过更深层次的改革和民主法制建设，不断修正、完善中国道路，在更科学的可持续发展中逐步加以解决。

政党自信

中国共产党本身就是一个奇迹。它有8000多万党员，囊括了全中国各地区、各行业的众多精英和朴实大众，旨在代表先进生产力、先进文化和最广大人民群众的最大利益。只要想一想原本衣食无忧的李大钊、瞿秋白、方志敏等先烈，能那样从容地走向刑场，就可以理解中国共产党人的理想与追求多么崇高。中国共产党执政以后，一度犯过严重错误，特别是要对十年"文革"这样的民族悲剧和历史灾难负全责。但修正"文革"这样的历史错误，摈弃"以阶级斗争为纲"之类的路线错误，并不是靠反对党制约，而是全党深刻反省，承认错误，彻底纠正的。中国不断创造人类奇迹的鲜活现实证明，世界最大的政党领导世界最大的国家，在学习人类文明的一切先进成果的同时，事事从自己国情出发，走最适合中国的独特的经济、政治发展道路，如此生机勃勃，当然有继续完善、发展的合理性。

中国作为蓬勃兴起的最大的发展中国家，已经是当今人类文明发展中举足轻重的正能量。随着中国对做大世界蛋糕的贡献份额不断加大，中国道路和中国模式本身对人类民主制度发展进步的那份独特贡献也会愈加明显。两者都将是21世纪中叶中华民族伟大复兴的直接后果。我们对此应充满信心。

⊙ 原载大连理工大学报第1233期，2015年12月

改革万岁（2016）

我这代人很有意思：人生前半段历经"革命岁月"，后半段投身"改革年代"，时间恰好各半。对新中国社会曲折发展进步的每一步都有切身感受。

青少年时期的"革命岁月"是每天"革命"二字不会离口的日子。当时最有影响的一部苏联电影的名字就叫《以革命的名义》，而国产电影《我们村里的年轻人》里那首脍炙人口的插曲《革命人永远是年轻》，则作为经典传唱至今。那时候，凡事只有冠以"革命"二字才有底气。革命精神、革命干劲、革命意志、革命理想、革命工作……，如果把模范夫妻的标准称谓"革命伴侣"拿到今天，说不定会有"吵架夫妻"的歧义。

"革命"是带火药味的概念。我理解，"革命"是指带颠覆性的社会变革，通常发生在历史发展的非常时期，社会矛盾的积累已达到无法按故有体制下的常规办法解决的程度。于是革命党人被迫采取非常举动，不惜以暴力、流血牺牲的方式，消灭严重制约生产力发展和社会进步的旧政权、旧制度，建立新政权、新制度。法国的资产阶级革命，美国的独立战争，俄国的十月革命，中国的辛亥革命和新民主主义革命，无一例外，而且全都成为"历史的火车头"。

革命胜利，新政权、新制度建立以后，"非常时期"不再。革命党人的主要任务应该自然转换到不断完善新制度、迅速发展经济，使老百姓安居乐业。如果依然沿用"革命"的思维，频频采用超越法律的"非常规手段"解决和平时期遇到的问题，也就难有好结果，而且注定不可能持久，终将伤害国计民生乃至新制度自身。解放后的历次运动，都有这个错误思维的影子，"文革"则把这个错误思维演绎到了极致。今天的年轻人肯定无法想象："文革"中排名第一的口号竟是"革命无罪，造反有理"。法制社会下的和平时期，是否"有罪"只能依据刑法；"有理"的前提是符合相关法律及社会规则，"造反"不可能有理。那个年代以思想意识而不是社会行为来判定是非，再用超越法律的手段定罪、治罪，而且株连九族，实在太残忍、太恐怖了。社会在进步。当年最重之罪非"反革命罪"莫属。如今，这个带有政治色彩的法条早已从刑法移除，取而代之的是含义明确的"危害国家安全罪"。

改革开放使中国经济和社会发展驶入快车道。从物质匮乏、凭票供应，到亟待解决的种种产能过剩问题；从割资本主义的尾巴，到民营企业进入世界500强。中国短短三十几年的变化可谓天翻地覆。社会发展的法宝不再是大张旗鼓的群众运动，也不再是"狠斗私字一闪念""灵魂深处爆发革命"，而是把发展作为硬道理，通过扎实、有序的改革开放，不断摸索和完善最适合中国国情的发展道路。创新是人类文明发展的灵魂，而所谓改革，其实就是稳定法制体系下的管理制度创新。与颠覆性的革命不同，改革通常相对温和，循序渐进。请看中国的改革之路：先从计划经济，改到以计划经济为主、市场调节为辅，再逐步扩大市场在资源配置中的作用，直到今天的让市场在资源配置中起决定性作用，这个渐进的改革过程用了三十多年时间，绝对不是用"革命思维"下的"非常规手段"突击完成的。从僵化的计划经济开始，迈出改革开放搞活发展的第一步不容易，所以首先着力于做蛋糕并把蛋糕做大，所伴生的一部分人先富起来、贫富差距加大的社会现实，只能作为改革开放的社会成本了。当中国快速发展起来，真把蛋糕做大，成了世界第二大经济体，当然就要解决分蛋糕的问题了，包括精准扶贫和全面实现彻底脱贫。再看农村改革，那是从1978年小岗村农民自发开创家庭联产承包责任制开始的，得到1982年1月1日中央一号文件的正式认可，并被从那以后每年发布、形成系列的一个又一个中央一号文件所逐步完善。农村改革，连同农业现代科技的推广普及，不仅使农业生产力得到极大发展，而且所节余的亿万农村劳动力汇聚成最具有战斗力的蔚为壮观的工人队伍，充当完成"中国制造"和数不清的"世界第一"的主力军。我经常感慨：从古至今，从万里长城、故宫，到今天的高楼大厦、铁路、桥梁，以及走向全世界的"中国制造"，哪一件没有中国农民工作者的血汗？真该专门立一座"中国农民工作者纪念碑"，等级相当于"人民英雄纪念碑"。其实，改革开放起步之时，我们的总设计师邓小平也并不一定完全清楚后来发展之路的细节。但他心里非常清楚的是：第一，坚持历史唯物主义"发展才是硬道理"不动摇，明确摒弃搞运动式的"革命思维"；第二，注意学习和借鉴一切人类文明成果（特别是西方发达国家实现现代化的经验），同时不忘凡事从中国国情出发,接中国地气。他还曾把这个未知的改革过程形象地比喻为"摸着石头过河",与当年某些国家貌似惊人的"休克疗法"相比,乍看似乎有点"小家子气"。但三十年后论英雄,两者的优劣呈天壤之别。从"文革"后留下的烂摊子到世界第二大经济体的历史飞跃,这是人类历史不曾有过的奇迹,也是(按生产力标准)中国社会进步的硬指标。这个奇迹或硬指标并不是孤立的,它在改革开放的大环境中起步,始终被循序渐进的改革政策所引导,并且有不断完善的法制建设保驾护航。中国社会全面走向现代化的发展进步是全方位的。我作为过来人感受颇深,可以作为历史见证人。

今天中国存在的社会问题仍然不少,有的还相当严重,包括老百姓最不满意的腐败、环保和贫富差距等问题。国家这么大,人口这么多,发展这么快,出问题是难免的。但是,与历史及现实中常见问题的性质完全不同,中国现在的问题是由于发展太快而不是停滞、落后带来的,而且问题处在可控的范围内和用心解决的过程中。于是,既然问题是高速发展带来的,也就只能用更坚实的发展来解决,再不能停下发展脚步搞运动了;既然发展是改革的结果,那么这更坚实的发展只能通过更深层次的改革才能实现,再也行不得任何非常规手段了。今天我们都清楚了:法治社会下的和平发展时期,任何寻求突变的非常规手段,只能属于"瞎折腾"。

科学技术是第一生产力。现代科学技术的发展,正深刻地改变着地球人的生活质量与生存方式。人类对自然的探索永无止境,使得"创新"的第一关键词地位永不可撼。与之对应的"改革",即生产关系或管理制度领域的创新,同样永无止境,永不会停息。在当今的国际大环境下，一般说来，无论哪个国家，其生产关系、管理制度，乃至国家政体的发展进步，循序渐进的改革才是上策，"激进革命"多不靠谱。在中国经济超高速发展三十余年后，开始步入某种新常态的发展阶段，更深层次的改革成为科学、可持续发展的关键。

改革万岁。

⊙ 原载大连理工大学报第1331期，2016年4月

第三章　大学人的文化使命

校园文明杂感（2006）

现代社会中人们的社会分工越来越细，人与人的关系也越来越密切。我们看到：几十亿人生息在同一个星球，几百万人居住在同一个城市，几万人活动在同一个校园，而每个人的角色分工又各不相同。要保证这一个个复杂的大系统运行有序，没有相应的法律和规则作为保证显然是不行的。要想实现和谐社会的目标，仅仅有法律和规则仍然不够，还需要有共同遵守的社会公德。改革开放以来，中国创造了经济持续超高速发展的世界奇迹，然而公民的道德水准尚未做到同步提高，道德文明水准相对于经济发展的落后现象已经十分突出。我国游客走出国门以后在国外公共场合的种种不文明举止，给我们这个最有活力的文明古国抹了黑。

文明程度理应与受教育程度成正比。然而，在我们的大学校园里，不文明的现象仍然随处可见。那么，什么样的举止才算文明呢？判断的标准其实非常简单，那就是：任何可称为文明的举止都应该以不妨碍他人为前提。

常见的妨碍他人现象可以举出许多，例如公共场合的大声喧哗。有人大概已经习惯于"高分贝"，明明是两个人之间的私下交谈，却扰得周围不安宁。我感触最深的两处是教室和公交车。总有学生把同学间的交谈搬到课堂上，不仅影响周围同学听课，而且对教师讲课的情绪有很大的影响。公交车上也曾多次遇到我校学生旁若无人、高谈阔论的场景。他们似乎硬要强迫其他乘客接受他们的信息（无非是谈他们宿舍、班、系的什么事），实在太不文明了。每逢这种场合，我作为老师也颇感难为情。还有的人喜欢在有限的公共空间"扎堆儿"，或者在路上一字排开地行走，完全置妨碍交通、干扰他人于不顾。其实，即使是乘自动扶梯，也有讲求文明的规矩：应该紧靠扶梯右侧，而把左侧让给着急赶路的人。

学校教室课桌、厕所门上的乱写乱画现象时而出现。难道在自己家的桌和门上也如此写画，甚至写脏话吗？且不说内容如何不健康，写、画本身就是损坏公物、污染环境的不文明举止。

衣着、仪表的问题也不少。校园里赤膊、穿拖鞋之类的现象，让人看了不舒服。我曾向我的学生提出过劝告，有女学生向我辩解说她穿的不是拖鞋，而是"凉拖"。"凉拖"还不就是拖鞋的一种嘛。过分随便（或衣着不整）与过分化妆的两种倾向同时都存在，都让人感觉不舒服。须知：你的衣着、仪表所表现出的是你对人、对事重视的程度。马虎不得。

2016年2月于美国加州理工学院校园

自觉排队，互谅互让是社会文明的标志。而校园之中夹塞儿、抢座儿的现象还时常出现。2005年在我校举行的国际女排大奖赛预售票时，我曾多次目睹过公然加塞儿而且毫不脸红的人。至于上课占座以及替别人签到，则是我上课常遇到的情况。

乱扔杂物时而出现。把手中的垃圾送到垃圾箱（哪怕多走几步路），是文明人的习惯，天经地义。而正确使用和维护厕所等公共卫生设施更是我们理应做到的；是注意还是随意，其结果可就是天壤之别了。

爱情是美好的。我从来不反对学生谈恋爱。但谈恋爱不能妨碍别人。谈恋爱大体属于个人隐私，在公共场合旁若无人地过分亲密，明显是不尊重别人，同时也是不尊重自己。

学校是我们的家园。我每天的生命联系着校园，也把在这个校园里传承知识与文明、教书育人当成崇高的使命和最大的人生乐趣。我太爱我们的校园了。我多么希望这是一个能给人好心情的、最文明的地方。我多么希望我的学生们都养成文明的习惯：在学校是自觉遵守文明公约的一员，到社会后成为传播文明的种子。

⊙ 原载大连理工大学报第1151期，2006年11月

诚信与作弊（2006）

做人需要诚信。诚实是做人的最基本品格。孔子两千多年前就说过"言必信，行必果，硁硁然小人哉"。现代社会，社会分工越来越细，人与人之间的依赖关系越来越紧密，用以规范人们不同场合行为的"游戏规则"和契约关系也越来越详细、复杂。诚信成为对一个文明人的基本要求。一个作弊成习的人不可能从根本上被社会接纳；即使一时一事得逞，也只能是"一锤子买卖"，而不大可能走远。

爱情需要诚信。虚假的"海誓山盟"是脆弱的，难以经受时间的检验。没有诚实作为前提是不可想象的，与有作弊嗜好的人谈恋爱是危险的，这些都是非常浅显的道理。

搞科学研究需要诚信。科学是对真理的探索，是老老实实的学问，来不得半点儿虚假。作弊的人不具备搞科研的基本素质。在神圣的科学研究中一旦发现作弊，就会自然被摒弃和淘汰。

要反腐败就要讲诚信。人人憎恨贪官、痛恨腐败。而说假话、弄虚作假是一切贪腐的共同特征。今天改革开放、经济繁荣的同时也带来了种种诱惑。虽然靠诚实劳动、合法经营追求幸福生活是社会发展的主流，但也有人走"捷径"：运用手中的权利谋私，或者为达到个人目的不惜违规甚至欺诈，出现了所谓"暴富"的不正常现象。这部分人对社会尤其是对青少年的毒害是巨大的，少数学生可能会受社会不良风气的影响，导致是非观念模糊。在他们眼里，考试过关、拿文凭是目标，而达到这个目标的手段不是唯一的。刻苦学习，下笨功夫，学懂弄通，只是其中最普通、平凡的一种；而投机取巧、走捷径——在不听课、不做作业、学不懂的情况下，仍然能通过考试则是更大的"本事"，而且这个"本事"可以终身受用！

讲诚信需要坚持、需要经受时间的考验。一个人长期兑现诚信所形成的社会评价就是他的信誉。这无疑是一个人最值得珍惜的无价之宝。我希望我的每个学生都能把诚信、信誉当成自己的生命，通过不断的积累，把它做成让公众、让社会放心的响当当的品牌。

学校是为社会输送新鲜血液的。像我们大连理工大学这样的重点大学，更是肩负着为国家培养栋梁之才的历史使命。如果连我们这样的大学培养出的学生也是时常作弊或者是非不清的，那么，我们的社会清除腐败还有希望吗？我以为，诚信教育应该成为德育教育的核心内容，应该成为一名大学教师为消除社会腐败而尽的一份责任。我有决心为这个看似简单却蕴含无数挑战的艰难课题尽我的微薄之力。让我们为清除腐败，倡导诚信，从我做起，从现在做起，从清除作弊行为做起。

⊙ 原载大连理工大学报第1152期，2006年12月

我看和谐校园（2007）

建设和谐社会已经成为全党、全国人民的共识。伴随着经济高速发展，中国正在驶入千载难逢的太平盛世。能赶上政局稳定、经济繁荣的太平盛世是我们的幸运，为建设和谐社会出力则是我们的责任。我亲身经历过物质匮乏的艰苦岁月，尝过"以阶级斗争为纲"的滋味，因而更能体会、倍加珍惜"和谐社会"的甘甜。学校是专门传承知识与文明，培养人才的地方，建设和谐校园正是我们每个人所向往的。那么，什么是和谐校园？怎样才能建设和谐校园呢？

所谓和谐，应该是"既有统一意志，又使个人心情舒畅"，生动活泼、团结向上的一种局面。要想达到和谐，首先必须有统一的目标、统一的意志。大连理工大学的目标就是培养高质量的人才，出高水平的研究成果，建设国际知名的高水平研究型大学，为中华民族的伟大复兴与人类文明的进步做贡献。

小平同志说过："发展是硬道理"。经济的发展、国家的强盛，是建设和谐社会的前提和保障。同样地，发展也是建设和谐校园的前提和保障。学校的发展，学校培养人才的质量、科学研究成果（特别是标志性成果）的水平，将决定"大连理工大学"这个品牌的含金量，决定学校在国内、国际地位和被认知的程度。

在我们这所几万人规模的大学里，每个人都有自己的岗位：教师的责任是教学和科研，学生的本职是学习，行政人员则要为教师、学生服务，为教学、科研服务。建设和谐校园并不是放下自己的本职工作去另外再搞什么花样。恰恰相反，只有大家都在自己的岗位尽职尽责，都把自己所担任的角色演好了，学校这部大机器才有和谐运转的可能。因此，每个成员做好本职工作乃是建设和谐校园的保证。

每一所有影响的大学都拥有独特的（体现其成员行为特征与精神面貌的）校园文化。因此，大学校园同样应该是最能体现人文精神的地方：严谨的学术气氛不仅体现在治学精神，也体现在人的尊严、平等与相互关爱上；校园内充满"人情味"，给人以温馨的感觉，在探索真理、实现人生价值的过程中，让学生真实地感受人生的乐趣。

和谐要求团结、协作而不是拆台、扯皮。探索真理是人类最伟大的实践活动，不是少数英雄单枪匹马所能完成的。团结协作是科学探索本身的基本要求。但社会又是存在竞争的，学校要在与国内、国际各所高校竞争中既实现自身发展又达到服务社会的目的。同样道理，学校各个团队、部门之间，以及每个团队、部门内部各成员之间，也应该是既协作又竞争的关系。只有团结协作，才能实现共同的目标，达到和谐；只有积极竞争，才能保持前进的活力，达到更高层次的和谐。

和谐要求与人为善，要求凡事对别人多一份尊重和宽容。一人有难，八方帮助就是和谐的表现。互谅互让、助人为乐者荣，动辄争吵、妨害他人者耻。但和谐却又不是一团和气，不是平均主义和"大锅饭"。相反地，只有鼓励上进，只有让优秀拔尖人才不断脱颖而出，才能实现发展；只有纪律严明、是非分明、赏罚分明，才能保证可持续的和谐。

公正、公平、正义也是和谐的前提。如果对学生的考评、对教师的评职、评奖等没有充分体现公正、公平，学校能有和谐氛围吗？因此，建设和谐校园必须旗帜鲜明地建设公平、公正、正义的环境，使人从内心感受到学校是最讲道理的地方，是最能体现公正、公平、正义的地方，最让人心情舒畅的地方。

⊙ 原载大连理工大学报第 1157 期，2007 年 3 月

赞志愿者精神（2008）

无与伦比的2008北京奥运会是属于全人类的盛大节日，也是中华民族百年梦想的迸发。它向世界展示中国竞技体育水平的同时，也充分展示了中国的传统文化，中国社会的发展进步，以及当代中国人的精神风貌。以菲尔普斯为代表的、征服了一个又一个人类极限的英雄们无疑是奥运会的主角，他们所创造的人类奇迹使我们受到极大的鼓舞和震撼。但那些默默奉献者——无论是开闭幕式上数以万计的群众演员，还是直接或间接为大会服务的数以百万计的志愿者，同样感动了我们。正如国际奥委会主席罗格所评价的："志愿者是奥林匹克真正的形象大使，他们代表着奥林匹克精神。"特别使我高兴的是，虽然北京奥运会落幕了，但是"我参与，我奉献，我快乐"的志愿者精神却得以延续和发扬光大，正在作为一种新的社会风尚在中华大地上扎根，成为我们中华民族宝贵的精神财富。

志愿者（volunteer）概念与志愿者行动在中国悄悄运作十多年了，起初并未引起太多的社会关注。这次百年期盼的奥运会为志愿者提供了最好的舞台。奥运会期间，人们随处可见志愿者的身影：赛场上利用比赛间隙飞快地清理场地的是他们；观众席上耐心地维持秩序的是他们；北京城数百个城市服务站点里为游客热情提供语言翻译、信息咨询及应急服务的还是他们。他们当中不仅有普通大学生、市民，还有像中国驻土耳其卸任大使吴克明这样的高级官员。吴大使每天都以普通志愿者的身份来到土耳其运动员、教练员中间，为他们提供服务，成为土耳其客人的朋友。奥运村里经常可见吴大使这样为各国代表团提供志愿者服务的老外交官在忙碌。每个志愿者脸上的微笑清楚地表现出他们参与、奉献奥运活动后所感受到的那种发自内心的快乐。毫无异议，身着浅蓝色T恤衫的百万志愿者构成了北京奥运会上一道独特的风景，也成为展示13亿中国人精神风貌的最好的名片。

志愿者精神是社会文明与进步的产物。要使"讲奉献"成为社会风尚，首先需要一定的物质基础，需要以基本解决百姓温饱作为前提，而中国改革开放连续三十年两位数增长的世界奇迹，正好为13亿人口大国提供了这样的基础。要使"讲参与"被社会大众接受，还必须有强大的社会凝聚力作为前提，而实现中华民族百年奥运梦想的历史机遇与中华民族伟大复兴的历史潮流汇聚而成的正是这样一种不可比拟的凝聚力。当今的中国再不是一盘散沙，而是举世瞩目的全球最有活力和凝聚力的地方。除了北京奥运会外，世人在2008年同样还看到了13亿中国人民在抗击四川汶川大地震和南方冰雪灾害中所表现出的众志成城和空前的凝聚力，并从中感悟到中国民众对国家大事自觉参与与奉献的那种激情。

志愿者精神是对效率、利益驱动的市场经济的补充。效率与利益最大化是市场经济的基本原则。但我们的市场经济当然不会是损人利己的。相反地,从根本上讲,全社会整体利益的最大化与个体、局部利益的最大化是相容和相辅相成的。讲参与、讲奉献的志愿者精神所追求的正是社会利益的最大化,这与我们党为人民谋福祉的宗旨也是一致的。如果只讲个人或局部利益,不顾社会及他人利益,很容易走到邪路上去。此前发生的三鹿牌婴幼儿奶粉恶性事件,就是损人利己的极端,对社会的危害也达到了极至。它再次说明社会行为需要有法律约束和道德规范;也说明,要在全社会弘扬志愿者精神并非易事,尚需付出很大的努力,还有很长的路要走。这也从反面印证了市场经济条件下必须两个文明一起抓的道理。

志愿者精神是人道主义的最高境界。人是社会的人。人道主义或者人文精神的出发点,其实就是对他人的尊重与关爱。现代社会分工越来越细,任何个人都无法脱离社会以及他人的帮助而生存。于是,"感恩的心"也就成为现代文明人健康心理的标志之一。如果一个人能从参与社会活动以及为他人奉献(而不是从个人享受)中获得最大的满足与快乐,那无疑是一种崇高的精神境界,也是自古以来就被普遍推崇的人类美德。我们说一个人有理想、抱负,当然是指他有志为社会进步做出怎样的贡献,而不会是达到怎样了不起的个人利益。恰恰相反,只顾个人利益,见利忘义的人,即使再富有,也从来都是为公众、为社会所不齿的。我至今仍然能够感受得到四十多年前读高中时雷锋日记里"我觉得一个人活着就是为了使别人过得更美好"这句话给我带来的巨大震撼:它深刻地影响了我的人生道路。这也使我猛然想到"我参与,我奉献,我快乐"的志愿者精神,不正是雷锋精神在今天的发扬光大吗?我崇尚这种精神，坚信它的生命力是永恒的。

大学是传承人类文明的殿堂，是培养人的地方，科学精神和人文精神是它的两大支柱。"我参与，我奉献，我快乐"的志愿者精神，就是人文精神的重要体现，应该得到最大程度的弘扬。作为一名老教师，我愿身体力行，成为志愿者队伍中的一员，并衷心希望"我参与，我奉献，我快乐"能够成为我们校园文化的一部分，成为"大工精神"的一部分。

⊙ 原载大连理工大学报第1194期，2008年12月

赞挑战极限
——感受菲尔普斯奇迹（2009）

精彩的 2008 北京奥运会和残奥会，使我们一再被感动，其中包括一项又一项世界纪录被打破、一个又一个人类极限被突破所带来的震撼。这种震撼超越国界，因为这不仅在证明人类自身能力的无限，而且我们仿佛看到了几千年人类文明发展历史长河中，人类不断挑战自然、挑战自我的那无数可歌可泣壮举的一个缩影。除了打破世界纪录本身，那些背后的故事同样令人感动。最使我折服的当数美国游泳选手菲尔普斯所创造的一届奥运会 8 夺金牌、7 破奥运纪录——这一破人类纪录的壮举。有人把他所创造的奇迹归于他的超天才。但是在我看来，与其说这一创造历史的奇迹来自菲尔普斯的超天才，不如说来自他的超勤奋。菲尔普斯出生在单亲家庭，儿时曾患有多动症。这是一种可怕的先天性疾病，通常只能靠服药维持。但他不是靠药物，而是靠坚持不懈的超量的游泳训练战胜了疾病，走上健康成长的康庄大道，最终创造出属于全人类的奇迹。

十多年来，菲尔普斯每天的游泳训练量在常人看来堪称天文数字，但他却自觉自愿，甘吃这份苦，并且正是从这看似单调、枯燥的游泳训练中感受人生乐趣的。他的勤奋和付出不可想象。当我了解到他的这种全天候超常训练甚至连圣诞节也不例外的时候，不得不彻底折服和肃然起敬。我 1984、1995、1998 曾三次在美国经历圣诞节，深知圣诞节在美国人生活中的位置。美国的圣诞节周是停止一切商业活动的，连最著名的好莱坞环球影城（Universal Studios Hollywood），每年开放 364 天，但圣诞节这天还是要关门的。1995~1996 年我在美国加州理工学院访问工作一年期间，曾有过一次圣诞节去好莱坞环球影城吃闭门羹的亲身经历，所以印象深刻。菲尔普斯能坚持在圣诞节照常（其实是超常）训练，这不仅在美国绝对难以置信，恐怕在全世界也属罕见。设想，就算在我们以勤劳著称的中国，有谁见过用"玩命"训练的方式过大年的人吗？由此，我对他又多了一份尊敬，对他所创造的人类奇迹也多了一份理解和感动。

奥运精神不仅属于菲尔普斯这样的体育精英，同样属于包括残疾人在内的每一个普通人，属于全人类。从菲尔普斯身上我学到和感受到了许多。仔细想想，"挑战极限"不正是最宝贵的人类精神吗？能够冲击全人类体育极限的固然只能是少数体育精英，但人们面临的"极限"多得很，每个单位、部门，甚至每个人的每个时段都有属于自己（或者自己够得着）的极限。事实上，一个人从出生到长大成人的每一步，不就是不断突破自身极限的生理过程吗？而一个人能否成才或者成功，说穿了，其实就是他挑战自身极限的过程，发挥自己潜能的过程。可见，这个"超越自我"，实实在在是每个人每天都有机会做到的！我近四十年教师生涯的体会是：一个人能否成功，并非由先天条件所决定，最根本的因素还是"抓住机会"和"坚持到底"两条。其中"抓住机会"是指能否将自身优势与社会需求对上点，从而有机会、有舞台去实现最有意义和效果的极限挑战；"坚持到底"，则意味着把挑战自身极限的努力坚持始终，最大程度地发挥出自身潜能。这与菲尔普斯的成功完全是同一个道理。每个人的潜能都是无限的。虽然（从体能上讲）要求一个人成年以后再去突破自己体能的最大极限或许有些强人所难，但广义地讲，不仅不同的人有不同的极限，而且同一个人在不同年龄段也有不同的极限。一个老年人努力健康地保持自身的活力，其实也就是在挑战自身极限。许多人退休后仍执意去上老年大学，其实就是珍惜自己未开发的潜能、热爱生活的生动体现：他们晚年仍然有志要向自己某方面的能力极限挑战。也许从专业的角度评价，他们所突破的极限微不足道，但是这种挑战极限的精神同样甚至更加令我钦佩。他们虽然离开了工作岗位，却没有退出历史舞台。他们依然在尽其所能，以自己平凡的行动在实践和体验着"挑战极限"这种最伟大的人类精神，并且努力坚持到生命的始终。我想，这应该对正处于"挑战极限""超越自我"黄金期的大学生们有所启迪。

可见，创造了人类奇迹的菲尔普斯其实离我们并不遥远。他身上所体现的人类精神是相通的。我们无法像他那样打破世界纪录，却可以学习他挑战人类极限的勇气、决心和毅力，不断地挑战自身极限、超越自我，让青春闪光。

⊙ 原载大连理工大学报第1205期，2009年5月

赞"平常心"(2009)

我们生活在多元化的信息社会时代,大千世界瞬息万变。人们在遭遇挑战、机遇的同时,也不得不面对种种诱惑。人类社会不曾有过的超快节奏,在催人竞争、进取的同时,也在滋生浮躁。有人陷入不切实际的幻想,总是与现实对不上点,一再碰壁;更有人误入歧途,甚至不惜铤而走险,以身试法。一位四十多年前老同学不经意的一句话启发了我:用平常心看待生活,在生活中发现幸福。大意是说,凡事心态要平和,攀比不得,也急不得。成为大款、明星的人总是少数,但在太平盛世之中国,只要心态平和,积极向上,每个人都可以在社会找到适合自己的位置,通过自己的本职工作服务社会,并从中感受和发现属于自己的实实在在的那份幸福。这是一个朴素而深刻的道理。我们身边的大事小情都一再说明:"平常心"也是现代文明人健康心理的重要特征之一。

常见的攀比就是典型的浮躁。例如,看见别人发了财,也想发财;看见别人出了名(明星、球星等),也想出名;甚至别人的豪宅、名车、名牌服装等也想攀比和模仿。其实,每个人的成功总有特定的先天因素、后天努力和成长环境,三条缺一不可,是小概率事件。在茫茫人海中成"星",先要看是不是那棵"苗子"(文体类的"星"尤其如此）。有此爱好，不妨一试；如果不是苗子也不必泄气。文体方面的爱好、特长，可以锻炼身体、陶冶情操，使你享受一辈子的快乐、健康。大可不必为成不了"星"而烦恼。有人说"不想当将军的士兵不是好士兵"。但能当将军的士兵总是凤毛麟角。所以我要说，想当将军却又不能踏实地从普通兵做起的士兵更不是好士兵。

　　浮躁的直接表现就是急于求成。学一门功课或手艺，是由必然王国向自由王国的循序渐进过程；通过不断的思索、实践，才能把别人的东西消化，变成自己的东西；而考试和考试成绩不过是这个过程的检验和记载而已。由于考试成绩与升学、就业、奖学金等直接相关，有的学生便把全部注意力押在考试环节上，用超高强度的考前突击求得最好分数。成绩也许还可以，但没真学到东西，很快就还给老师了。这不是自欺欺人吗？既然许多"高分"是突击来

2014年6月，9舍#603学生毕业

的，那么"低能"也就不足为怪了。其实，不只是个人，我们党和国家也曾有过多次集体浮躁和急于求成的历史教训。一次次大、小运动无一不是浮躁和急于求成的怪胎。拿我儿时亲历的1958年大炼钢铁来说，几亿人齐上阵，不过是要在尚不具备条件的时候，把钢产量突击提升到1070万吨，结果消耗人力、物力和资源后，多炼出的几乎都是很难派上用场的废钢。钢铁生产发展也是有其规律和过程的，需要有科学的投入和科技的进步。当我们不再搞运动，经过三十多年循序渐进的科学发展成为世界第一钢铁生产大国的时候，简直难以置信：儿时全民大炼钢铁1070万吨的宏伟目标，居然抵不上今天一座普通钢铁厂的产量。历史教训告诉我们：急于求成、搞运动式的突击发展，一定不是真发展，也一定不可持续。

更有甚者，严重浮躁的少数人嫌急于求成还不够，干脆抛弃诚实劳动，投机取巧，想走更短的"捷径"。目的无法实现，只好突破"游戏规则"（行规和法规），铤而走险。在市场秩序和法律规则日益健全以后，从本质上说，超越规则的行为不会成功；即使一两次侥幸得手，也绝对不可能持续：因为他们把自己的成功建立在危害社会的基础之上，如此害群之马终将受到应有的惩治。眼下，一些商界的邪招儿也开始腐蚀本该是一片净土的学校和学术界，大人物卷入学术不端事件的案例屡见不鲜，令人痛心疾首。

"平常心"反对自欺欺人的表面文章。为了省力气，走捷径，有人不是解决矛盾，而是干脆把矛盾掩盖起来。眼下的各种评比、评估滋长了这种倾向。为了凑数量，有的人宁可把一个完整的结果拆成两个甚至更多小东西发表。大学教育中，教授给本科生上课本是"天理",但如果片面追求教授给本科生讲课的比率和数量的表面文章,而不在内容、效果上下功夫,结果只能是"双输":学生没有学到更多东西,教授也倒了牌子(甚至株连别人的牌子)。须知,即使名教授也有知识的盲点,只是"名"在其有限的专长上。在不属于其专长的领域,在不积累一定的教学经验和做认真准备的情况下,其教学效果很可能不及许多副教授甚至讲师。表面文章真做不得。就好像如今增白、减肥、催高等常见招数都过了头,因为"美"并非只有一个模式。须知,某些"缺点"在特定情况下经过人们的修饰可能是宝贵的特点。发扬自身特点才是最高明之道。台北故宫博物院那颗著名的翠玉白菜,是把玉料的青和白,分别雕成菜叶和菜帮,玉料的褐色杂质则被雕成白菜上的蝈蝈。在常人看来明显的瑕疵,反倒成了作品的点睛之笔,也正是玉雕大师高明之所在。

　　科学发展观要求"平常心"。我们欣赏对待生活的平常心并非消极放弃,而是在弄清楚到底自己喜欢什么、擅长什么后选择适合自己的生活方式和成长道路,通过自己脚踏实地的工作,扮演好自己的社会角色,成为举国科学发展的一个健康的细胞。角色虽有不同,但人生却都可以精彩,而且注定是别人无法复制的。

⊙ 原载大连理工大学报第1212期,2009年10月

赞"感恩的心"（2009）

"感恩的心"是当今出现频率极高的用语之一，涵盖各个阶层，从普通百姓到各路精英，直至名人、明星。

汶川大地震发生后的日日夜夜，我们每个人都有关于生命无价、抢救普通人生命不计代价的深刻感受。这种至高无上的人类之爱超越种族、国界。那些在第一时间赶到救灾现场的人民子弟兵，那些来自全国各省市（包括海峡对岸），乃至世界各国的救援队、志愿者，共同构筑起抢救生命的大战场、大舞台，牵动了每个人的神经。我们分享过俄罗斯救援队在都江堰挖出一名被困 127 小时妇女时的那份喜悦，也同样感受到日本、台湾等救援队历尽艰辛却仍然未能找到生还者，带着内疚和遗憾离去的沮丧。汶川大地震中的无数感人故事，是对关爱生命的生动写照，也是对感恩的心的最好诠释。

"感恩的心"是最普通的道理，却也是很大的话题。

人首先要感恩父母。孝敬父母是儒家文化的重要内容，也是中华民族引为自豪的传统美德。在"以阶级斗争为纲"的左的年代，动辄要求未成年孩子与父母划清界限，违反了人性，也是对幼小心灵的莫大伤害。孝敬父母是做人的根本。任何社会交往中，那些不孝敬父母的人都注定无法得到他人的信任。中国人要特别感恩改革开放，感恩彻底改变了国家面貌和每个人命运的好路线、好政策。出生在今日中国，就意味着拥有最和谐的成长环境和最多的发展机会。在这里，不再有人性扭曲和才华埋没；不再有家庭出身的包袱和"白专"的帽子。这些看似平凡的东西，在我的成长年代几乎不可想象。

今天的国人要感恩太平盛世。当今之中国，横向比，是全球经济持续增长速度最快和最有活力的地方；纵向看，早已超越一向被当作典范的"汉唐盛世"和"康乾盛世"。回想过去，在受尽欺辱、被当成东亚病夫的旧中国，在兵荒马乱的战争年代，前辈们的生计和发展有多么艰难。仅仅三四十年前物质匮乏、思想压抑的情景以及知识分子的窘境还历历在目。历史条件的限制曾使多少人荒废了青春年华。

现代文明人要感恩社会和自己的同类。现代社会分工越来越细，单一成员的岗位简单、单纯，所以不仅衣食住行离不开他人的创造和服务，连自己的简单工作也离不开社会和他人的帮助。今日种粮农民（包括种粮大户）所完成的不过是粮食生产中非常单纯的几个环节而已，而从种子、化肥、农药、除草剂到所有生产资料，都有全方位和专业化、社会化的服务。我们今天五彩缤纷的物质、文化生活的全部，都是建立在高度专业化、社会化和精细的社会分工之上的。

人类作为地球上无数生灵的一员，要感恩万物，善待环境和其他生灵。人类的发展正在不断地强化自己在这个星球的主宰地位，但数十亿年来同住地球村的其他生命,同样享有继续发展进化的权利。事实上,人类不可能脱离其他物种而单独繁衍生息。保持地球生物的多样性,无论从伦理上还是从人类长远利益上讲都是重要的。对环境也是如此。人们常说的环境友好型社会,其实就是以人性化的高度审视环境的崇高境界:要把环境(包括其他生命)当成朋友,友好相待。

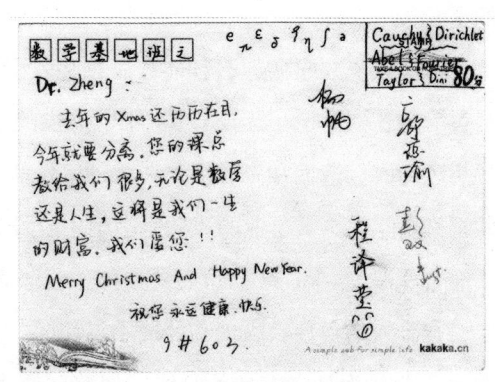

2011年12月9舍#603学生贺卡

厂家、商家要感恩用户、顾客。他们是上帝。没有他们的认可,就不可能有厂家、商家的生存和发展。

专业人士要感恩前辈、同行,因为任何创新,一定都是建立在前人和他人已有工作的基础之上的;要感恩团队,因为任何成功都离不开团队的协作;甚至还要感恩竞争对手,因为最好的成绩,往往是在与最有实力的竞争对手的竞争中创造的。

明星要感恩粉丝。他们的成功、地位和声望,完全离不开粉丝。学生要感恩师长。人的知识、能力、道德、品质,都是后天建立的,除个人努力,也离不开各个阶段师长的教育培养。今天的一个现代文明人,要在有限的时间内继承几千年人类文明积累的精华,并在一个领域有所专攻,早已不是一两个私塾先生所能完成的了。

教师要感恩学生。教师能在一茬又一茬学生青春年华的陪伴下度过一生，太幸运了。没有哪个职业能如此持续不断地感受年轻人的想象力、创造力和青春活力。教师工作的激情和对人生价值的体验都来自学生，其事业的成功也由学生成长成才的效果来度量的。

以上所列"感恩"远不是全部。应该看到在激烈的社会竞争中，每个人的角色、表现和处境不尽相同。有的人牢骚满腹，怨天尤人，总认为社会对他不公平，忽略了每天那么多人（直接或间接）为他提供的服务，也没有留心今天中国得天独厚的机遇和挑战。而"感恩的心"使人乐观向上，内心充满阳光。2008年北京奥运会和残奥会期间，那些以浅蓝色T恤衫为标记的百万志愿者，用"我参与、我奉献、我快乐"的口号与行动，把"感恩的心"发挥到了极致，并感染了更多的人，引起关于"感恩的心"的空前的社会共鸣。可以毫不夸张地说，"感恩的心"已成为现代文明人健康心理的重要特征之一。它使我们可以在校园、在城市、在国家乃至地球的每个角落，找到自己的同类，感受人生的快乐。

⊙ 原载大连理工大学报第1216期，2009年12月

解析校园文化（2010）

　　大学是传承和发展人类文明的神圣殿堂。在中国，大学以及新式中小学取代传统旧私塾，不过百余年历史。今天，当人类进入21世纪的时候，大学教育已经在越来越多国家的社会发展中扮演越来越重要的角色。事实上，以诺贝尔奖为代表的重大科学成果，大都是在大学完成的；而现代社会的各路精英，包括诺贝尔奖得主、各国政要和各行业领军人物，则大都具有在著名大学求学的经历。大学的灵魂是科学加人文的精神。人们常说的"真、善、美"中的"真"正是科学所追求的，"善"则是人文的精髓，而只有科学和人文才能给人最美的感受。

　　从本质上说，大学总是与最先进的人类文明和最有活力的年轻人紧密相连。一代又一代学人在大学这一神圣殿堂发展和传承人类文明的同时，也造就了自身的校园文化。校园文化无处不在。其实，每则招生广告都是在突出宣传、介绍自己的校园文化。校园文化既是有形的，又是无形的。一所大学的建筑风格、花草树木、道路风景、室内外陈设等，都渗透着校园文化的种种信息，它的规章、制度体现着校园文化，而校园里人们的举手投足、言谈话语和文明习惯，则更是自己校园文化的生动写照。

校园文化由历史积淀而成。从根本上说，它不是来自长官意志或行政命令，而是一所大学自诞生之日起的漫长岁月里莘莘学子共同创造、代代相传的习惯与传统，相当于该所大学特有的文化DNA。校园里的每名学子都有自己的角色和自己对校园文化的理解、感受，并在不经意间传给比自己年级低的新同学。任何一所历史悠久的著名大学，无不拥有源于其层层历史积淀的丰富、厚重的校园文化。我的一生基本上是在校园度过的，我经历过五所大学：本科跨越"文革"就读于北京大学，粉碎"四人帮"后在吉林大学接受研究生教育、取得硕士和博士学位，还有在美国加州理工学院和密西根大学各一年多的留学经历，而时间最久的当属从1981年开始在大连理工大学校园的教师生涯。我亲身感受过这些大学各自特有的传统和校园文化。它们既有共性，也有鲜明的个性和微妙的差别，给人以启迪和力量。例如，规模很小却专门做大研究的加州理工学院校园里浓重的学术气氛，以及该校师生以献身科学为人生乐趣的价值观念，给过我巨大的心灵震撼，也很大程度上修正了我自己后来的人生轨迹。

校园文化是无形资产。一所大学的文化价值是无法用金钱衡量的。与硬件条件不同，大学所承载的厚重文化，是无法复制的无价之宝。它可以净化灵魂，陶冶情操，使进入校园的学子们不仅学到本领，而且在潜移默化中留下特定的精神气质印记，并作为文明的种子，源源不断地输入到社会。

校园文化体现时代精神。我们可以从中国近、现代许多重要历史事件中寻找到校园文化的影子。1919年的五四运动发自北京大学和天安门广场，是中国新民主主义革命的开始，深刻地影响了中国社会的历史发展进程，而作用完全相反的 1966 年那场文革灾难，也是从北大校园蔓延到全国的。1984 年，又是北大学生在天安门游行队伍中自发打出"小平您好"的标语，以最简朴、经典的时代语言，由衷表达出亿万中华儿女的心声。2008 年夏天，以首都大学生为骨干的北京奥运会志愿者大军，则以自己的自觉行动和灿烂笑容，向全世界展示出当代中国人的精神风貌，并让"我参与、我奉献、我快乐"成为时尚，在中华大地深入人心，也融入校园文化。校园文化给我们的学习、工作和生活提供了温馨的氛围、环境，使人愉悦、振奋，催人上进，给人力量。我们每名学子或教师都是校园文化的受益者，也理应成为校园文化的建设者和奉献者。应当看到，我们的校园里还存在诸多不够文明的现象，污染着我们的校园文化。大到考试作弊，小到课桌上的涂鸦，人数不多却屡禁不止，是大学校园的耻辱，应该成为人人喊打的过街老鼠。

校园文化近在我们身边。参加社团活动和青年志愿者队伍是建设校园文化，刻苦学习、勇于创新是发展校园文化，甚至在 BBS 上发帖子，也是在参与校园文化。对此，每个人都可以而且应当有所作为、有所贡献，以高度的责任感和使命感，为我们的校园留下点什么。

我在大连理工大学任教快满三十年了。我见证了它改革开放后向国际知名的研究型大学阔步前进所迈出的每一步。在平凡教师岗位的全身心付出，也在一天天培养着我自己对学校无法割舍的那份感情。我们学校所承载的来自延安的老传统，重实践和求实的精神,以及踏实的学风和"学在大工"的社会口碑,都常使我自豪。而最使我欣喜的,莫过于大工学子的健康成长。我愿继续为建设和发展我们的校园文化出力。

⊙ 原载大连理工大学报第1221期,2010年4月

从数学修养到数学文化（2010）

文化是人类文明的积淀，科学与人文成果的结晶。大学以传承人类文明为使命，应当是集科学与人文经典之大成的神圣殿堂。一个人的文化品位，其实就是他自身的科学、人文等精神特质。"理性思维"是科学活动的基本要素，良好的数学修养对科学工作大有益处。每一个现代文明人从小学一年级就开始接受数学教育，经受数学文化的熏陶。而激情与理性都是校园文化中不可或缺的。

数学向各学科渗透是大趋势。人们普遍认为：如果某研究结果尚不能用数学刻画，该研究也许尚处"幼稚"阶段。数学符号和公式频繁出现在各类学术论文和专著中，不含数学的科学论文现在太难找了。数学家获经济学诺贝尔奖早已不稀奇。"秀"数学几乎成为"时尚"，甚至"数学深度"也成为衡量论文档次的重要标志之一。无形中给人这样的感觉：一个人的数学修养，直接关系到其科研工作的层次，以及个人的科学、文化品位。这到底是怎么回事？又该如何应对呢？

这得从现代科学谈起。一百年来，特别是二战以后，现代科学使得人类文明的进程突然加快了。如今每个地球人每天享受的现代科学成果，每分每秒都在更新，达到眼花缭乱的程度。这一突然加速的根本原因在于：自文艺复兴后，人类终于走上了科学发展的"正道"。何谓"正道"？爱因斯坦曾精辟地概括说："西方科学的发展是以两个伟大的成就为基础的，那就是古希腊哲学家所发明的形式逻辑体系，以及发现通过系统的实验可能找出因果关系。"简单地说，科学就是"数学＋实验"。

近代科学开端于欧洲文艺复兴时代，代表人物是伽利略。他提出以实验作为科学的基础，并主张用数学描述科学，用实验验证科学。四百多年前的一天，他从比萨斜塔扔下的两个铁球，向世人演示了最通俗的科学实验，也宣告了人类真正意义的科学时代的到来。比萨斜塔实验一百年后，牛顿与莱布尼兹分别在自己的国度独自研究和完成了微积分的创立工作。微积分使"用数学描述科学"成为可能。那个时代包括行星轨道在内的一大批用数学描述科学的成功案例，曾使人们激动不已，也成为现代科学的重要标志。又过了两百年，爱因斯坦的狭义及广义相对论等划时代科学发现，更加突显了数学在科学的地位，也使科学达到更高的境界。在爱因斯坦看来，数学是描述科学的语言，更是发展科学的工具。形式逻辑推理（数学）和实验正是他心目中科学发展的两大支柱。我们可以从爱因斯坦石破惊天的理论发现中清晰感悟人类理性思维与数学逻辑的神奇光芒。

那么，数学修养或数学文化有怎样的内涵？数学能力包括哪些？我认为主要是逻辑推理、计算和"数学化"这三要素。

数学无处不在。先看最简单的例子。

例1. 2010年南非世界杯西班牙队进球不多却最终夺冠。有人自然要问：夺冠至少需要进几个球？小组赛三场允许平局，不进球也可积3分，只要其他三队中，一个队一平二胜（7分），另两个队均二平一负（2分），即可以小组第二出线进入16强。四轮淘汰赛都必须分出胜负，所以每场进一个球（含点球决胜负）为最低限度。于是可得出至少进4球才能夺冠的严格结论。注意，这只是夺冠的必要而非充分条件：进4球不见得夺冠，但不进4球注定不能夺冠。这个逻辑推理只需小学数学知识。

例2. 过度肥胖是许多现代人的苦恼。时下流行的"体重指数 = 体重/身高平方"道理何在？横截面积与高度之比相等的人（柱体）为相似。那么，分子、分母同乘以高度。横截面积乘以高度为体积，再乘以比重（不妨无量纲化为1）为体重，于是（不论高矮）体重与身高平方之比为某常数的人，即属于体重指数相同的

2013年10月北大数学百年纪念会

一类，其正常范围为 22±2。航天员们的体重指数全都十分接近 22 这个中心位置。

　　逻辑推理是数学的根本。公元前 600 年的欧几里得《几何原本》，堪称人类文明发展史中的经典，全球累计印刷数仅次于《圣经》，2000 多年后的今天仍被作为每个地球人接受逻辑推理训练的儿时启蒙内容。从公理出发的形式逻辑推理至今仍然是证明数学真理的唯一途径。现代数学这个高深莫测的庞然大物，其实就是从几条并不复杂的公理出发，经过一代又一代数学人不断进行演绎、推理，累积而成。作为集体推理的结果，就原理和方法来讲，与《几何原本》并无二致。世界各国数学人每天所做的，不过就是在不同分支和平台上，根据前人已有结果继续进行逻辑推理而已。这个推理过程相当艰辛。例如，具有轰动效应的费尔马猜想、庞加莱猜想这类里程碑式成果的最终证明，全都经历了几代人、数十年甚至数百年的艰苦努力。数学创新，首先需要进入前沿或相应的平台，这需要大量准备性学习和工作的积累；但就数学逻辑推理能力训练本身（特别是对非数学类学科专业来说），并非一定要有那样高的平台不可。每门数学课、每篇学术论文，甚至日常生活，都有这样的训练机会。人的精力有限，如果把所遇到的问题的细节都搞清楚，其研究工作肯定走不远。但如果事事都不求甚解，习惯于盲目接受，从不问"为什么"，注定无力读懂从定理、公式出发的简单推导，更不用说用数学进行推理创新了。逻辑推理的能力训练是他人无法替代的。在哪个平台训练也许并不重要，但一定要有读懂证明、完成证明的若干亲身经历。可以说，逻辑推理能力强一寸，数学功力就长一分。

"计算"的重要性似乎最容易理解。但许多人也许不知道：第一，数学中的计算大都是作为逻辑推理的一部分，为逻辑推理服务的；第二，数学人的任务只是建立计算的理论和方法，而非计算具体的实际问题本身。关于计算的另一个要点是：计算应该从"首位"算起，首先判断"数量级"，而不是末位的"精度"，正如幂级数或傅立叶级数展开式中，越靠前的项越要紧。先去抓"西瓜"而不是"芝麻"。当然，"阈值"附近的末位"精度"是重要的。

"数学化"就是我们常说的数学建模。日常工作、生活中的许多现象可以抽象为数学问题；经过数学处理后，再还原回去。前面两个例子说明，许多实际问题的"数学化"并不需要高深的数学。当然，反映深刻科学规律的数学模型另当别论。例如，热传导方程的建立，需要在傅立叶实验定律、热量守恒定律等物理定律的基础上，经由高斯公式、牛顿-莱布尼兹公式等数学工具的推导才能完成。

我们的民族曾经拥有过以四大发明为代表的辉煌的古代科学技术成就，但冷静分析就会发现：逻辑推理和科学实验恰为中华传统文化的弱项。本世纪中华民族伟大复兴的前提是高度发展的科学技术。从这个意义说，数学修养和数学文化，不仅事关个人的文化品位和科研工作的水平，而且事关民族复兴的伟业。作为一名数学教师，使命光荣，责任重大。

⊙ 原载大连理工大学报第 1231 期，2010 年 11 月

可持续发展与青年学生成才之道（2011）

"革命加拼命"是我青少年时代最响亮的口号。"把我们的血肉筑成我们新的长城"，"宁可少活二十年，拼命也要拿下大油田"，以及邓稼先等两弹一星功勋们艰苦卓绝的奋斗、献身，就是这种精神在民族危亡时刻或极端困难非常时期的标志性写照。但"非常时期"在历史长河中毕竟是短暂的瞬间，"拼命"不可能常态化。我青少年时代所经历的那些大小运动，都曾期望用非常规手段解决常规问题，结果是国家发展受阻，老百姓吃苦。

个人发展也是同样道理。人生在世几十年所享受到的（那个时代）幸福，应该是他（她）服务社会的回报。可见，在社会进步大背景下，个人幸福与是否成才、成功密切相关。成才、成功秘诀何在？通俗说，是"非常时期"的"革命加拼命"，和更长人生里程的"可持续发展"这两条。

社会发展的加速，使得每个成员只有接受更多的教育，才能完成对人类文明成果的继承，以及上岗工作的技能准备。相伴的则是检验学业质量的层层考试。由于考试结果直接关系学生的发展前途，也就有了"考试非常时期"。面对高考，不仅考生本人停止任何休闲娱乐活动，整个家庭都要一切以高考为中心。事情弄颠倒了,似乎中小学 12 年学习,为的就是这场考试能有"超常发挥"。大学里也是一样。靠考前突击、拼命解决问题者同样普遍。考分与真实能力的正相关性越来越小了。作为过来人我们都有这样的体会:尽管身经千百考,但几十年后沉淀下来,真被自己掌握成为看家本事的,全都是循序渐进积累,特别是反复实践过的那些,而临时突击之所得,很快就还给老师了,而且越是"超常发挥",遗忘得也越快、越彻底。可见,考试只是"规定动作"特点的初赛,只起获得发展机会、平台的作用。在这些平台的持续发展才是决定胜负的决赛。一个人的成才、成功,是漫长的马拉松,靠的是慢功夫积累的真本事,是千锤百炼磨出的金刚钻,是持续到底的真发展。

实现可持续性发展,首先要有不断完善的人生目标。这既是方向,也是动力。为确定目标,除社会需要的因素,还必须搞清楚自己到底喜欢什么、擅长什么。干自己喜欢和擅长的,使学习、工作成为享受。恋爱、婚姻也是同样道理。彼此喜欢才容易做到天长地久、白头到老。只喜欢但不擅长也不行,因为那将难以应对职场竞争,而工作成就既是发展的结果,也是继续发展的前提。不擅长的爱好不妨作为业余爱好,能陶冶情操也不错。

有了目标就要专心致志。现代社会节奏太快了,社会分工也越来越细。这是一个"专家时代"——再不起眼的岗位,也都有自己的专家。只有在选定的方向多留心、多积累,像愚公那样坚持到底,才能成为专家。今天的成功者,往往就是邓稼先那种默默坚持的人,而不是聪明、潇洒,头几步走得最快的人。每天挖山不止的"愚"才是大智慧。

2012年10月教授讲座后与初中生在一起

任何一技之长都来自坚持不懈的勤学苦练。俗话说"熟能生巧"。从文体明星的绝技到科学家的金刚钻都是长年累月的笨功夫磨出来的。勤学与苦练缺一不可。中国人的乘法口诀是个宝。西方没有这样的口诀，在中国老少皆会的心算，对他们就难了，幸亏现在有计算器救他们。其实，乘法口诀不是学懂的，而是天长日久反复使用、自然掌握的。我中学俄语课本有《钢铁是怎样炼成》主人公保尔关于人生意义的那段名言"人最宝贵的是生命，生命属于人只有一次，人的一生应当这样度过：当他回首往事的时候，他不因虚度年华而悔恨，也不因碌碌无为而羞愧。这样，在他临死的时候能够这样说：我的整个生命和全部精力，都已献给世界上最壮丽的事业——为人类的解放而斗争"。五十年过去了，这段话的俄文和中译文，我至今都能一字不差地背出。在心中默诵过无数遍、早已融进血液的东西是不可能忘记的。学习任何专业知识和技能都是这个道理。只有反复练,特别是反复用,才能变成自己的。数学研究需要高深的理论工具。我的体会是:用它们解决问题的过程,就是领会其精髓的最有效途径。

可持续发展是尊重科学、符合科学规律的发展。任何违反科学的发展,无论一时多么轰轰烈烈,注定只能是一现昙花。

发展的目的都是为了人。社会发展归根到底要使社会成员生活得更幸福,更有尊严。在"以人为本"的今天,"珍爱生命"已成为文明社会的根本法则。对此,我们每个人都当始终心怀敬畏。今天中国的年轻人多幸运,赶上了中华民族实现伟大复兴的年代。这个千载难逢的历史机遇,提供了最广阔的人生舞台。年轻人只要有志向,并持之以恒、坚持到底,就会有精彩、幸福的人生。

⊙ 原载大连理工大学报第 1241 期,2011 年 5 月

关于"钱学森之问"的理性思考（2011）

钱学森关于中国为何难出大师的著名问题发人深省。

成为大师是小概率事件，需要千锤百炼，至少有四个基本要素：（1）执著的追求；（2）过硬的本领；（3）前瞻性选题；（4）超人的付出。在当今市场经济环境下，中国在创造经济奇迹的同时，也在滋生浮躁。要达到这四条绝非易事。

浮躁从家长就开始了。如今大学生的高考志愿几乎全都是家长在包办。家长则是从"钱本位"或"官本位"出发，按"钱途"最佳原则为孩子选择专业、设计发展道路。学生真按自身兴趣选择专业、志向的寥寥无几。我每年都会接到"高考咨询"的信件或消息。奇怪的是，"咨询"几乎清一色来自考生家长，而非考生本人。家长们常常忽略了自己孩子的兴趣、爱好和专长，直奔"主题"，即"经济效益"问题。数学离赚钱最远，那些关注数学的家长，大都想确认"先学数学，再转金融、经济、管理"之类路线的可行性。我经常跟他们说，最要紧的是孩子自己到底喜欢什么，这事关孩子一辈子的快乐、幸福，但很少有人听得下去。如果没有明确志向，干的并不是自己真感兴趣的事，如果连志愿本身都是家长按"钱途"设计的，怎么能指望这些孩子成为未来这个行当的"大师"呢？

有了对事业的"如醉如痴"以后，就要考验过硬的本领了。人的能力可分为两类，一类是（细的或微观的）专业功夫，另一类是（粗的或宏观的）全局能力。前者指逻辑能力、动手能力、实验技能等，后者主要是大局观和提出新想法的能力。中国孩子以牺牲少儿时代的天真、快乐为代价，书包最重、读书时间最长、训练最严酷。题海考试和各种"奥赛"训练，加上智商因素，使得中国优秀学生的应试功夫无人能比。须知，当中国孩子苦读书时，西方孩子是在玩儿的。这也是杨振宁看好中国教育的原因。但中国的教育与考核体系不鼓励创新。中小学一切围着"中考""高考"指挥棒转。老师的成败也靠升学率检验，哪里顾得上发掘学生的创新潜能？学生偶尔闪现的一点点独特火花，常常轻易就被抹杀了。而在西方学校，学生的不同见解更容易受到保护。老师会主动帮助学生完善自己尚显幼稚的新想法。在个性化特点得到尊重和发扬后，他们报考大学时自然会清楚自己的兴趣在哪里。无法想象报考大学同时填写一所大学的三个不同专业仍不够，还要追加一条"服从专业调剂"！这个差别，就使西方孩子对事业的喜爱和提出自己见解的能力强于中国孩子。这也是丘成桐一再批评中国教育的原因。通俗地说，中国学生"抓耗子"的能力强（适合于打工），西方学生"找耗子"能力强（适合当老板）。北大、清华等中国名牌大学毕业生之所以倍受西方著名大学欢迎，就是因为他们"抓耗子"的本领实在太强了。

可见，只有同时具备"抓耗子"与"找耗子"两种能力，才有成为大师的可能。中国学生迟早必须解决"找耗子"能力不足的软肋。

我认识的一位"个性女生",中考就不理想,回来大哭一场,发榜时才知总算进入了大连市前几名。高考又栽了,因为自己对最难那道数学题的证明方法与标准答案不同。经申诉和专家鉴定,得到查卷机会,把误判的分数找回来,这才被北大录取。2010年从北大毕业,被属于美国公立大学前三甲的UCLA(加州大学洛杉矶分校)录取读研究生。但愿这个颇有特点、险些被中国高考扼杀的小女生在美国能有使人眼睛一亮的表现。

我自己三十年前也曾有过一段高考阅卷经历。那次我主动承担最后一道11分的证明难题。学生的解答千奇百怪,屡次遇到与标准答案所列几个套路都不相同的证法。我耐心审查这些"个性化证明",挽救了多位想法独特的考生。这些"个性学生"永远都不可能知道,一位年轻的阅卷教师曾细心呵护过他们。

大师或诺贝尔奖得主工作的突出特点是研究工作的高度前瞻性。我们知道,市场经济的基本原则是追求以最小投入,获取最大利益。功利色彩鲜明。人们普遍期望尽快取得回报。一名刚毕业的博士得快出成果,以解决职称问题,因为一切都与职称挂钩。如果5年合同期内升不上副教授,就有被解聘的可能。即使无解聘危险的副教授、教授,每年也都面临考评,通不过就拿不到岗位津贴,更无法升级。面对层层考评,有多少人会甘冒风险去做没有把握的稍大选题呢?

科研项目分为两类:解决具体技术问题的"横向项目"(来自企业)和偏于理论研究的"纵向项目"(来自政府)。但即使是国家自然科学基金项目,其周期也不过三四年而已。项目周期已经决定了选题的大小。现实情况是经费多的"大项目",科学创新含量反而有可能偏低。道理很简单,如果已经能看到经济效益,就不会有大的理论困难了。从管理的角度,怎么能要求一个任期是5年的管理者去支持10年才能看到成果的项目呢?

诺贝尔奖需要多大的选题呢?请看高锟的例子。激光技术出现以后,高锟想到把激光用于通讯,用光缆取代传统电缆。这是颠覆传统观念的大胆想法。1966年他发表关于光纤通信原理的第一篇论文时,光纤通讯所要求的高质量玻璃并不存在,因而被许多人认为是"疯子"。今天,这个"疯子"的预言果真变成了现实,并且彻底改变了整个地球的面貌和每个地球人的生活!但这一成果终于被科学界公认并获得诺贝尔奖,已经是在43年后的2009年,当他已经患上老年痴呆,只能由夫人代替在颁奖典礼发表获奖感言的时候!

我们见过这样的选题吗?人们恨不得今天播种,明天就收获,甚至不想等到秋天。有谁会做40年才能看到成果的大选题呢?中国学生在国外的杰出表现说明,与其说中国缺人才,不如说中国缺少这样高度前瞻性的选题和工作平台。

中国也曾有过这个级别的选题和成果,并与诺贝尔奖近距离擦肩而过。1965年中国人工合成结晶体牛胰岛素的工作应该属于诺贝尔奖档次的成果。那是中科院、北大等多单位集团会战的成果,接近于计划经济下的"两弹一星"模式。

在具备了对事业的"如醉如痴"、过硬的真功夫和高度前瞻性选题后，最后所需要的就是老老实实的工作和为科学献身了。现代科学探索的艰辛和付出是常人难以想象的。

许多科学实验，例如研究遗传规律的实验、研究基本粒子规律的实验等都是日夜不停的，需要科学家奉陪到底。丁肇中说过，他在欧洲基本粒子实验室曾经有过四五天在实验室连续工作的经历。那是一次非常困难的实验，需要收集的数据非常小。据丁讲，四五天不睡觉下来，除了记得那组实验数据，大脑一片空白，大概仅存维持这组数据的这一点儿能量了。科学大师的重要工作就是这样完成的！而且长年累月如此！

再看我们熟悉的陈景润。他对哥德巴赫猜想如醉如痴，倾注了毕生精力。最近几年，有两项更大的猜想——费尔马大定理和庞加莱猜想分别被怀尔斯和佩雷尔曼解决了。在此之前的几百年间，不知有多少数学家"出师未捷身先死"，为此耗尽毕生心血，成为探索人类文明的无名英雄。中科院数学所的同行朋友说，陈景润在他们那里并不算最聪明的，有类似天资的人可以随便举出一大把。但只有陈景润做到了对这样大的选题锲而不舍，敢把毕生都押进去。其实，当时陈景润连温饱都没有保障，8平米住房，单身一人。这在今天是不可想象的。哥德巴赫猜想的选题和工作状态都有"疯"的特点，这就是陈景润。要想在科学上干出大事业，就必须经得诱惑，有卧薪尝胆的"陈景润精神"。没有捷径可走。

改革开发以来的中国经济发展奇迹震撼了全世界。如此高速发展衍生出这种或那种浮躁心态都不足为怪。毕竟经济是基础。当国家强大起来、人民富裕起来，当更多的人衣食无忧以后，中国人必定会有不一样的胸怀！必定会有越来越多的年轻人选择献身科学。中国人如此聪明、勤奋，中国经济发展如此迅速，中国社会如此稳定、和谐，我们完全可以期待那些以往只在西方才有的大选题、大成果在中国的不断涌现。中国对人类文明发展的贡献必将是全方位的，只要看看中国短短几年内就从引进高铁技术变成领跑高铁技术，看看中国大飞机C-919将如何促成世界大飞机市场A（空客）、B（波音）、C（中国）三足鼎立时代的到来，我们就有理由充满信心。

⊙ 原载大连理工大学报第1247期，2011年10月

大学人的文化使命(2012)

在中国,相对于经济的高速发展,文化的发展明显滞后了。国民的科学、文化素质,与世界第二大经济体的国家地位明显不相称。须知,物质财富可以实现快速积累,但精神财富却不能。一个有品位的家族,除了物质财富的积累,还需要文化的长期熏陶,通常认为至少需要经历三代人的文化积淀。一个人或家族尚且如此,一个国家就更不必说了。中国这样的泱泱大国,要把经济腾飞转化为社会的全面进步,特别是把社会进步在文化层面固化到亿万国民身上,必定需要经历几代人的积累和努力。

中国是一个文明古国。中华文化源远流长,具有无限的生命力。始于孔子且延续了两千五百多年的儒家文化所包含的那些做人、做事的深刻道理,超越了国家和民族的界限,至今给人启迪,而一千年前的唐诗宋词中所抒发的先人对真、善、美的感受,今天依然使我们犹如身临其境。如此博大精深的传统文化要让今天的亿万国民全面继承下来,是多么浩大的工程。同时,也应该看到,中华传统文化本身并不完善。例如,现代文明社会非常要紧的"民主"与"科学"两大要素,就是中华传统文化所欠缺的,所以五四运动才会旗帜鲜明地呼喊"德""赛"二先生。可见,中华传统文化需要普及，更需要发展。提升中华民族的文化素质不仅急迫，而且任重道远。

从某种意义上可以说，大学是现代文明社会的灵魂。一个国家的大学，特别是一流大学的水平，大致可以代表该国家的科学技术水平以及文化特质。道理很简单，一代又一代年轻人就是在这里实现已有文明的继承，并且充当生力军，参与对前人成果的超越与发展。诺贝尔奖级别的科学成果，大都是在大学完成的，而那些引领时代前进的新思想，也往往与大学相关。对中国近代社会发展影响深远的五四运动、一二九运动等，都是在大学发起的，而我们熟悉的"振兴中华""小平您好"等最具时代特征的口号，也都来自大学生群体。像大连理工这样的国家重点大学是聚集和培养社会精英的地方。这些精英毛坯，在最好的年华，经历层层筛选聚集起来，以文化为职业，暂时远离商业喧嚣。他们在全身心积累知识、追求真理的时候，也就肩负起了神圣的文化使命。

我上大学正赶上"文革"。那是专门要"革文化的命"的年代，主旋律是否定传统文化。今天的人们大概怎么也无法理解那时怎么会有"知识越多越反动"之类的荒唐谬论。年轻人在"文革"中打先锋的直接后果就是破坏文化。在向中华民族伟大复兴进军的今天，不仅科学、文化的发展要靠年轻人，而且整个社会文化素质的提升，也首先要从这批年轻人做起。应该清醒地看到，推动中国经济高速发展的是市场经济，而市场经济的基本原理乃是追求"以最小付出获得最大回报"。社会上有些人把物质利益当成生活的全部，忽略了精神追求。其实，理想和精神追求，才是人类区别于其他动物的根本特征。毫无疑问,以文化为职业的大学人应该是讲精神追求、讲文化品位的,应该成为提升民族文化素质的先锋和希望。

中国正在经历深刻的社会变革。如今,"Made in China"已经与地球人每天的衣、食、住、行紧密相关了,那么,十三亿中国人以怎样的精神面貌和文化特质出现于世界舞台呢?这不仅事关中国形象,而且是在检查中国人的生活质量,测定"中国奇迹"的含金量,考验"中国速度"的可持续性。

最近几年,我有幸连续参加了1981~1987级学生毕业二十周年返校聚会。想不到,当年的一件件平凡小事,二十年后共同回忆起来,竟会是那么生动、有趣。我羡慕他们,更羡慕今天在学校的90后们。谁不想拥有最美的青春年华?我们这些不同年代大学人不约而同的结论是:精神、文化内涵越丰富,大学生活就越激动人心,越值得怀念。

⊙ 原载大连理工大学报第1256期,2012年3月

知识分子的反腐败责任（2013）

中国这样的人口大国，如此快速跨入工业文明，相应的法制、文化都还没有来得及准备好。这个转型期的一个巨大遗憾，就是腐败现象在中国的滋生与蔓延。

在农业文明时代，男耕女织，不必依赖他人。国家只有数量很少的"公务员"。有"资格"腐败的人不多。今天不同了，高度的社会化分工，造就了天文数字的公务员与准公务员队伍，个个拥有岗位赋予的权力。如果拿手中权力去与他人进行利益交换，直接或间接以权谋私，就是腐败。

服务社会的职务权力在某些人眼里成为潜在的"暴富"机会。本来，快速运行的现代社会是由种种"游戏规则"维系的，任何权力都是有"笼子"约束的。我们看到的现实却是：上上下下的各类岗位，总有人超越"笼子"运作手中的权力，谋取私利。小到妇产医生收受红包，幼儿园、小学教师收礼，大到省部级甚至更高级别官员的贪赃枉法。最可怕是当今人们对身边腐败现象见怪不怪的麻木甚至参与，使腐败现象已经演变成无所不在的"腐败文化"！

法律、职业道德、社会公德，是每个合格社会成员的行为底线。职业道德则是每个职业人的根本，任何职业人无法回避的"必做题"。根治腐败，光靠"一心为公""全心全意为人民服务"之类的理想、信念教育远远不够，必须有规范化的职业道德规定约束，并且动真格的，有专人专门机构按规章制度进行严格的监督检查。

违背职业道德谋取私利，是一切腐败现象的共性，必然也会影响到学校。中国老百姓切身感受到的种种腐败，也包括大、小知识分子们的腐败。不妨再细说几句。

今天的孩子很可能是伴着红包在妇产医院出生的。出生待遇、护理质量都与红包大小有关。幸亏他们自己不知情。幼儿园、小学，给老师送礼就太平常了。送礼多少，事关老师、阿姨对孩子的耐心程度，甚至教室座位。原本天真无邪的幼小心灵，也许从记事儿的第一天起，就得去感受与知识分子相关的腐败文化！

我也是老师。每次面对新生，无论本科生还是研究生，第一件事就是向学生讲清楚"不收礼"的规矩，以及送礼"加负分"的道理。这个道理很简单：送礼等于提示自己本事不过硬，需要额外照顾，改卷时当然就该格外仔细、认真。至于评职称送礼，更是明摆着提示自己条件不足，当然应该"加负分"。

腐败现象与市场经济那双"无形的手"有关，即追求以最小投入，获得最大收益。不顾社会规则，追求物质财富"性价比"最大化的极端情形就是偷、贪、抢。追求精神财富同样有剽窃他人成果之类的学术腐败。发生在学生身上就是考试作弊。原本最可耻的考试作弊，今天许多得手者竟不以为耻，反以为荣。他们的道理是：天天听课、老老实实写作业，考试过关不算本事；不听课、不做作业，考试照样过，那才是真本事！这种人将来如果有了权力，不腐败才怪。

任何社会腐败都是从违背职业道德开始的。权力越大,腐败的危害就越大。腐败超过一定限度,就不只是犯错,而是犯罪了。自然界的任何腐败机理都是微生物作用的结果,区别仅在于腐败发生的部位,以及造成危害的程度。如果社会的每个细胞都是健康的,整个社会机体的健康就有了保证。

十八大以来,党和政府反腐力度加大了,措施也更具体、明确。新气象令人鼓舞。腐败蔓延的基本规律是上行下效,反腐败也必须自上而下,一级做给一级看,包括惩办掌握大权的贪官。纪检、监察机制必须不断完善。除了反腐专门机构,反腐还是全社会的事。在我看来,"举报腐败"应该成为今天我们这个社会公民见义勇为的核心内容。

冰冻三尺,非一日之寒。反腐不是一两次查办就能够解决的事,必须打持久战。斩草要除根。只要腐败文化还在,腐败就有滋生的土壤,腐败分子就有源源不断的后备军。这是一个动态过程、系统工程。只有一方面自上而下惩治贪官,把一个个贪官绳之以法,另一方面从妇产医院、幼儿园、小学、中学、大学做起,把恪守职业道德作为做人的根本,形成社会舆论,深入人心,全党全民一起把腐败文化彻底消除,根治腐败才有希望。铲除腐败文化,就是当代中国知识分子必须肩负的历史责任。

⊙ 原载大连理工大学报第 1274 期,2013 年 3 月

从"学术信誉"到"做人品牌"（2015）

现代文明社会，每个人都在扮演一个社会角色。作为社会一员，必须与他人打交道，遵守所涉及的种种社会规则；完成承担的本职工作，服务社会，也从社会取得相应的回报。人生几十年，各有各的品牌，内涵丰富：有多大本事？工作的层次与质量？文明习惯如何？守规矩、讲信用不？做事、说话靠谱吗？信息时代，人的一言一行都是被记录的，且不说自己的作品、文章，日常活动也都在高科技的"电子眼"中。常说的"口碑"如何，就是品牌评价，而"前科"二字则意指品牌不佳，出过大问题。

品牌的重要性不言而喻。市场经济下，在琳琅满目的商品海洋中，好品牌全都是业者不断创新、辛苦经营、漫长积累，终于被社会大众认知、认可的结果，价值无可估量。顾客的品牌信任（甚至品牌忠诚），来自亲身实践的感受。好的品牌带来的价值对业者和顾客是双赢的。

做人的品牌同样重要。在高度社会化的今天，与他人打交道时，人们的第一反应，就是你这个人的信誉如何。这是求职、投保、贷款等几乎所有社会活动的最基本的前提条件，其重要性不次于商业品牌。西方国家甚至有调查个人信誉（credit）的专门公司。

市场竞争环境下，追求以最小投入取得最大回报无可厚非，但前提是诚信和遵守规则。考试作弊是学生最大的违规与诚信问题。1984年我在美国密西根大学看到，有学生开卷考试（take home）宁可交白卷也不去抄袭他人。在他们看来，诚信记录比考试成绩更重要。考试作弊与职场腐败的原理相通。考试作弊的学生，其实已自动划归于潜在腐败的高危人群了。

市场经济环境下很容易滋生浮躁情绪，学术研究的净土也难免被污染。买、卖论文，或赤裸裸剽窃，是非曲直容易判断。以照扒别人的成果代替自主创新，则可称为"隐性剽窃"。研究生毕业要发文章，而老老实实创新是辛苦的。于是有人选择走"捷径"。例如，别人做了问题 A，把该方法照搬到并无本质差别的问题 B。不仅思想、方法照搬，甚至英文表述也照搬。当下有些国际期刊上中国人的文章多如牛毛，但良莠不齐，扒来扒去的现象相当普遍。我曾经遇到这样的案例：国外某知名数学杂志的编辑发邮件问我：某某文章的许多段落与我的一篇论文高度相似，是否为抄袭？我一看，确实整段照搬了我的一篇论文的多个段落，仅做了简单的"名词替换"而已。还有一次，我审稿发现多篇稿件的模型介绍都出现将热传导 temperature（温度）错写为 density（浓度）的毛病。一查所引文献才惊奇地发现，他们照抄了我一篇论文引言中关于模型来源的描述：一个笔误使我成为他人犯错的始作俑者！

还有这样的情况：已有相关论文却故意不说；模仿别人的研究方法也故意不提。这是自毁品牌的大忌。还有学生心存侥幸，以为自己的文章只要不被审稿人识破，顺利发表就 OK 了。这样做危害性更大。须知，发表错误的东西，首先伤害的是自己——等于自动放弃修正错误的机会，执意把自己的错误固化成历史记录。白纸黑字的错误是抹不掉的，将成为人生的不良记录，甚至污点。我从1980年代开始在国际数学期刊发表数学论文。三十多年来，包括与学生合作，累计发表了100多篇，引用率也不低。不敢说水平有多高，但确实都是老老实实做研究，并且用自己的语言写的。与学生合作，只要署我的名字，我就要认真检查，逐字逐句修改。不仅内容要把关，语言也应该是自己的风格。在国内外同行中信誉良好，没有污点。我常对学生说，这也是我们整个团队的信誉，必须小心呵护。学生总要自立门户、独立工作。我只能帮他们建立一个好开端。信誉的维护，要靠个人毕生的努力。坚持下去，创出品牌，将受益无穷。作为身经百战的我来说，则要善始善终。万不能"一失足而成千古恨"。

学术工作质量同样重要。有的同学急于求成，只求数量，不顾质量，似乎文章越多越好。目光短浅，只顾一两次考核之需。高水平的创新是艰苦的，一般说来，"高水平"与"高数量"不可兼得。根据我的体会，低水平重复是加负分的。倘若灌水太多，自己真有意义的创新也会被无情地淹没。

为学生写推荐信是件苦差事。眼下学生到国外留学、国内求学求职，推荐信出问题的不算少。有些老师看都不看就在学生自拟的推荐信上签名，甚至推荐人网评的责任也甩给学生本人。于是，明显离谱的推荐和评分满天飞，把中国推荐信的名声搞坏了。凡是找我写推荐信，我都要字斟句酌。我说，要写得像你，也像我。我的坚持不只是维护我个人的品牌,也是在维护"中国推荐"的声誉,更是对被推荐的学生负责。我如此认真,还是遇到过麻烦:国外同行曾向我核实我签字推荐信的真伪。看来,他们真是被假推荐搞怕了。对于以学术研究为职业的人来说,学术信誉就是生命。一旦砸了牌子,差不多就自动"扫地出门",无法在行当立足了。

认真、讲诚信,就会辛苦许多。但我的认真与辛苦是值得的,几十年的认真与辛苦,给自己建立了品牌。许多情况下,我说的话被认为可信度高,甚至可以"免检"。我的推荐也越来越有力度。

我真心希望,青年学生能够从我做起,从现在做起,注意培养自己做人、做事的品牌。这是最值得的投入。设想,如果你的名字与诚信、严谨、高品位联系在一起,你的学术道路自然会越走越通畅的。

⊙ 原载大连理工大学报第 1229 期,2015 年 9 月

赞上进心（2016）

大约六年前，有感于学生中出现的极端心理问题，我曾写下《赞平常心》《赞感恩的心》两篇文章，提醒年轻人在激烈的社会竞争环境下应该具备怎样的心理素质。其实，大千世界，竞争无处不在。以积极上进的心态面对社会竞争，显然是大学生更加应具备的能力素质。

自然界充满竞争。看看极端情形：许多哺乳动物种群中，最强壮的雄性通过竞争甚至决斗，打败其他雄性，成为种群DNA的延续者；这一规则一代代周而复始，维系着种群的强大。达尔文的进化论认为，自然界广泛存在的生存竞争及其所导致的优胜劣汰，是生物进化的重要动力。

人类不同于其他动物，但依然处处可见竞争。拿最常见的体育比赛来说，奥林匹克运动的格言"更快、更高、更强"，就是对体育竞争精神的最好诠释。每一项新的世界纪录的诞生，都是人类挑战自身极限的胜利，是属于全人类的胜利。不同类别、级别的竞赛，有不同的纪录和奖牌，但为达到"更快、更高、更强"而全力争胜的基本精神却是相同的。所谓"友谊第一、比赛第二"，其实是左的年代对体育比赛的误读。争胜是所有体育比赛的基本前提。参赛者只有尽全力争胜才是尊重对手，也才会赢得对手和观众的尊重。倘若"友谊第一"，那就称不得"比赛"，而该称"友谊"了。

市场经济本质上是竞争的。在市场经济法则下，资源（包括人才）会自动向投入产出比最佳的业者、厂家、商家流动，按照效益优先的原则实现资源配置。也就是说，效益越好，取得资源与人才配置的优先权就越大。这与自然界物竞天择的道理是相通的。无论是超大企业，还是小微企业，只要参与市场竞争，就犹如逆水行舟，就只有不断力争上游的"华山一条路"。公平的市场竞争不会给任何不思进取者预留生存、发展的空间。

科学技术是第一生产力。市场竞争，本质上是科学技术的竞争，是人才的竞争。占据技术制高点、拥有优秀创新人才，是市场竞争的最大优势。

科学技术本身也是在竞争中发展进步的。除了与时间赛跑、与大自然较量，许多重要课题常有不同国家的诸多团队涉入，各显其能，在竞争中发现真理、发展科学。重大的科学发现是可以改变人类命运的。事实上，20世纪以来，以诺贝尔奖为代表的现代科学成果已经从根本上改变了地球人的生活质量与生存方式。今天的人们已经很难想象，如果没有芯片和计算机，没有光纤通讯和互联网，世界会是什么样子。人类对科学的探索激动人心。仅举一例：当今世界无数科学家正在与时间赛跑，为攻克癌症而日夜奋斗。或许离最后胜利还有很长的路要走，但研究的每一步进展，都牵连着数以千万计的癌症患者的生命。技术层面的进步也是一样，专利制度就是专门保护技术创新的。如今,无数令人眼花缭乱的产品的升级换代,就是在无数专利技术的引领下,悄悄进行的。科学技术的发展永无止境。有些科学家选择了事关人类命运的超大课题:课题之大,甚至无法预估自己这一代能不能看到最终成果(更不用说获奖了)。这种献身科学的崇高精神境界,已经不是通常的"上进心"所能描述的了。

读书有竞争。中国源自隋唐的科举考试制度,稳定持续千余年,堪称奇迹。且不论考试内容的科学性,这一通过严格考试选拔人才的制度本身,影响深远,算得上是中国对人类文明的一大贡献。科举制度已经废除百余年了,但"状元"的概念却广泛沿用至今。人们常说的"三百六十行,行行出状元",其实已经把"状元"引申为各个行当领军人物或能工巧匠。如今,通过考试选拔优质学苗已成为世界各国普遍采用的做法,而学生入学后的奖学金制度,则是为了鼓励代表学校最高水准的优秀学生而设立的。竞争不是只有入学考试,而是贯穿求学生涯始末。

职场有竞争。多人应聘的公开招聘,相对优秀者通过竞争胜出。竞争同样不是一次性的,竞争会伴随职业生涯始末。许多高校新教师入职三年、五年、八年后的"三–五–八考核"便是近在眼前的生动案例。

申请项目同样有竞争。获取教学、科研资助是通过竞争实现的。其必要条件是:第一,选题确有意义、创新明确,值得资助;第二,技术路线可行并具备相应工作基础,有望实现预期结果。

拿金牌,或者在引人注目的重要竞争平台脱颖而出,显然不

2014年4月报告前与陕西宝鸡中学学生交谈

是人人都能做到的,因为每个人的先天因素、成长环境不同。但做人、做事要有上进心,却是对每个现代文明人的基本要求。人类与动物不同。人生而平等,都有做人的尊严。对弱势群体的人文关怀,是人类文明发展进步的重要标志之一。但如果甘当弱者,坐等甚至乞求他人帮助,那就不可取了。无论何种境况,只有上进、自强,才能赢得他人的尊重。

竞争必须遵守社会、市场规则。争胜是竞争的天理,前提是遵守社会、市场规则。20世纪末中国市场经济初期,曾把遵守社会、市场规则简单概括为"诚实劳动"与"合法经营"。其实,遵守社会、市场规则的真正内涵要丰富得多。竞争中合理运用规则是允许的。而违反社会、市场规则,往往就是走向违法和腐败的第一步。

竞争与合作具有相容性。竞争是多元化的,不是只有"零和游戏"一种模式。许多情形下,竞争与合作共存,良性竞争随处可见,可以有双赢或多赢。另外,"上进"也不是只有与他人竞争一种模式。自己跟自己比不断进步,也是"上进"。有时,在困难面前的勇敢坚持本身就是"上进"。胜利和成功都是相对的。只要做到了自己所能做到的最好，人生就不会有遗憾。

人们赞赏乐观、阳光的心态，其实也包括了赞美积极的上进心。这是做人的基本尊严，也是任何成功的基本前提。

⊙ 原载大连理工大学报第1329期，2016年3月

第四章　耕耘琐记

校庆书怀（2004）

每年的迎春花一开，我们校庆的日子就到了。2004年是校庆55年，引发了我的许多感慨和联想。1981年，我作为"文革"后首批毕业的研究生自愿来到大连理工大学工作时，差不多是全系最年轻的教师，而今天的我已被归入老教师的行列。我对我们的学校和应用数学系，怀有深厚的感情。在这里，我奋斗和耕耘，挥洒汗水，也分享欢乐；在这里，我感受祖国从拨乱反正、改革开放到科教兴国的不断深化的历史巨变，也见证了我们学校向国际知名的研究型大学前进中所迈出的每一步。

十年动乱，耗费了我们这一代人的青春年华。我五年大学，读书时间不到一年，大学毕业后又到农村教了六七年书。真正开始认真念书和搞业务是1978年读研究生时，时年32岁。我非常珍惜重新学习的机会，也非常珍惜我从大连理工大学开始的人生的新航程。

我忘不了我在大连理工大学上的第一门课和教过的第一批学生，那是全校1982级硕士研究生的数学物理方程课。当我第一次走上大学讲台时，内心充满激动。这届学生就是从1977、1978级本科生中考上来的研究生。他们刻苦钻研、勤奋好学的形象，给我留下了深刻的印象。给他们上课,不用点名,也不用说一句敦促的话;他们不可能不来上课、不认真听课,或者不交作业。批他们的作业和考卷,简直是一种享受。他们中的崔占峰、王永学、栾茂田、宁桂玲等许多人后来很快成为有影响的知名学者和学校的中坚。对此,我一点都不感到意外。他们的成功也正是对我的莫大鼓舞。

我忘不了我在大连理工大学承担的第一份社会工作——应用数学系1982、1983级研究生班主任。那时我还年轻。我和这批研究生朝夕相处,常去西山宿舍看他们,他们也常来我只有一间半的小家作客。我们谈数学,谈理想。他们中的很多人今天已经成为有国际影响的数学家。

1982年夏天,我到北京第一次参加全国学术会议——首届全国非线性双曲方程年会,秋天又到长春第一次参加国际学术会议——第二届国际双微会议。那时候,很少有人了解我们大连理工大学的数学学科,了解我工作的人就更少了。如今,我们已有计算数学全国重点学科、数学一级学科博士授予权,我们的数学SCI检索论文数已进入全国前十名,我们主办的《数学研究与评论》杂志成为知名的数学核心期刊。

我忘不了1984年学校选派我去美国一流大学访问。那是我头一次出国。而我也把我在美国发表的第一篇论文的地址:Dalian Institute of Technology加上了Permanent address(永久地址)的注解。当一年后访问期满的时候,在多种选择面前,我毫不迟疑地决定按期回国,回学校效力。

1985年9月于美国纽约

我忘不了1986~1995，1998~2002在应用数学系担任主要负责人长达13年的时光，我与全系师生共同奋斗，与应用数学系的兴衰荣辱共命运，亲身经历了数学系不断发展壮大的每一步。

我忘不了长期在基础课教学第一线我与学生度过的无数美好时光，特别是我连续讲授数学分析等课程的全校1987、1989级提高班的学生，以及应用数学系1985，1986，1987，1988，1989，1991，1993，1994，1997，1999和2001级的学生们，我对他们的全身心投入并与他们结下的纯真友情，这些回忆已经成为我生命中最重要的精神支柱。

我忘不了我1983年指导的第一个本科毕业论文，1987年我招收的第一个研究生。如今，我指导的博士、硕士研究生正不断做出成绩，受到许多国内外同行重视。

我忘不了1991年我通过首次全校"大讲赛"成为学校首批破格提升的4名45岁以下的青年教授之一。如今学校和系里的年轻教授已如雨后春笋，迅速成长起来了，令人振奋和欣慰。

我忘不了2000年我获得宝钢优秀教师特等奖,并作为获奖代表到上海领奖,2004年又当选学校首届教学名师。我得到了作为一名普通教师所能得到的最值得珍惜的荣誉。这些年来,我常想:我是幸运的。因为在科教兴国的今天,我拥有在大连理工大学任教这样一个岗位,能够通过教书和做学问这样实实在在的工作,在中华民族伟大复兴的历史舞台上扮演一个小角色,实现人生的价值。我太爱我的学生了。多少年来,只要是和学生在一起,我就没有疲劳,没有烦恼。每当看到学生们那期待的目光,读到学生们那真诚鼓励的赠言,我就会有一种内心的冲动。我默默地对自己说:再加一把劲吧!我要在大连理工大学,在教师这个神圣的岗位上,奉献我的一切。

⊙ 原载大连理工大学报第1092期,2004年4月

演好自身角色把握时代脉搏（2006）

2005年刚刚过去，2006年已经开始。

2005年，我们有太多的感动。这一年地球上的两次特大自然灾害——东南亚海啸和发生在10月的南亚大地震，最早冲向救灾现场的都是来自我们中国的救援队。他们不动声色地把我们中国人的责任感和精神风貌展示在世人面前。9月卡特里娜号飓风刚刚横扫美国新奥尔良，中国同样迅速做出反应。各国观众从电视新闻看到满载中国救援品的专机在美国小石城空军基地降落的那一刻，再次感受到我们中国人的胸怀。世人还切身体会到了：中国成为了名副其实的"世界工厂"。如今"Made in China"深入到了世界市场的每一个角落，已经与这个星球上几十亿人每天的生活息息相关了。人民币也随之跨入国际硬通货行列，甚至不得不一再面对升值的压力。但这一年给我们印象最深的，也许还是金秋十月我们通过电视直播所目睹的神舟六号从发射到回收的全过程：它每个细节都如此完美，使我们再次真切地感受到今天身为中国人的那种自豪与骄傲。而最使我们鼓舞的，则是党的十六届五中全会通过的《中共中央关于制定国民经济和社会发展第十一个五年规划的建议》，我们从中看到了中国在实现连续二十多年高速发展，创造一连串世界经济奇迹后，我们党对中国的现状和所存在问题的清醒认识，看到了中国在科学发展观的指导下向着现代化的和谐社会持续发展的近景和远景。

2006年是具有特殊意义的一年。

2006年是我国"十一五"规划的第一年。我这个年龄的人可以说是前十个五年计划的见证者。回想第一个五年计划的第一年，正是我上小学的第一年。新中国的大规模经济建设是在战争的废墟上，顶着抗美援朝的硝烟开始的。整整50年的沧桑岁月过去了，但"一五"期间共和国第一批大型国营骨干企业拔地而起的景象至今历历在目。在后来的几个五年计划中，我们经历过"大跃进"的盲目，经历过"文革"对生产力的破坏，也经历了十一届三中全会拨乱反正、确立改革开放的根本国策后中国所发生的翻天覆地的变化。科学的发展观，正是我们党总结前十个五年计划的经验教训后才逐步确立起来的，是全党和全国人民智慧的结晶。"十一五"规划还第一次把"计划"改为"规划"。虽然只是一字之差，却标志着我国已进入社会主义市场经济的逐步发展和完善的新阶段。我们欣喜地看到：今后五年发展的主旋律将不再是发展速度本身；我们所追求的发展，将是使老百姓普遍受益和共同富裕的发展，将是着力于降低环境破坏和高能耗等代价的发展，将是强化自主创新和自主知识产权的发展。总之，将是在更高层次上的发展，将是更讲效益和更有后劲的可持续性发展。

2006年又是我们大连理工大学新一轮岗位聘任的第一年。通过"211工程"和"985工程"的建设，把我校建设成为"国际知名的高水平研究型大学"的目标已经日益深入人心。对于一所大学，代表学校最高水平的拔尖人才和标志性研究成果所达到的水平，在很大程度上决定着学校的档次，成为学校发展和参与竞争的关键因素。我们期望在新的一年里，学校能够为实现"十一五"规划迈出坚实的步伐：在做好扎实的基础性工作，确保可持续发展的基础上，努力提高工作的档次，特别是代表学校的标志性成果的水平，使得学校不断有更多的与国际接轨的高水平成果出现。

2006年还是我的本命年。我的人生即将结束一个完整的甲子，开始新的轮回。我从20岁到30岁的最宝贵的十年青春，正好就是十年"文革"；国家受难，自己也荒废了太多太多，似乎生不逢时。但我还是非常庆幸自己在后半生赶上了改革开放的好时候，庆幸有机会投身中国经济腾飞、社会大变革的实践。虽然只是在大连理工大学任教这样一个平凡的岗位，但我尽力了，这使我感受到从未有过的满足和生命的价值。许多人说中国正处于几千年从未有过的太平盛世。我有完全相同的感受，并且经常扪心自问：在中华民族伟大复兴的这场历史大剧中，我在扮演什么角色？该怎样演好这个角色？我想，在新的一年，以及在我生命新的轮回中，我将特别关注工作的质量，力争为把学校建成国际知名的高水平研究型大学做出一份实实在在的贡献。不能仅满足于多发几篇SCI（美国《科学引文索引》的英文简称）文章，而要有再高一点的眼光和要求，例如：瞄准SCI中更有影响的杂志，以及努力提高研究工作的SCI引用率，等等。这就需要更加注重源头性创新，逐步提高研究工作的水平和层次。教学方面也是一样，要注重教学质量的提高，特别是要力争在加强学生的创新能力培养（包括自主创新的意识和能力）和教书育人（尤其是诚信教育）方面有新的突破，履行自己作为老教师和学校"教学名师"的责任。要发挥自身的优势，包括在美国加州理工学院等国际知名大学留学的经历，吸取"文革"中极左路线的教训，以及几十年教学科研中所积累的经验和体会，等等。我一向认为，作为重点大学的教师，既要搞教学，也要搞科研；既要教书，也要育人。几十年间，我一直是这样做的：在做好科研工作的同时，我始终没脱离过第一线的本科教学，始终坚持不仅传授科学知识，而且（通过言传身教）传授做人的道理。今天，当我成为名副其实的老教师以后，我决心仍然不脱离本科教学。我要永远保持与学生（特别是本科学生）的零距离接触，保持每一个有追求的教

2006 年与美国密西根大学 Smoller 教授重逢

师与科学探索者所必须具有的那股激情。

　　社会在发展，时代在前进。当今时代，知识正在以几何级数增长的速度爆炸式地发展。为在新的历史条件下实现提高工作质量的目标，必须努力学习。不仅专业知识需要不断更新，以跟上国际学术的前沿，而且还要不停顿地吸收我们这个时代发展的新鲜气息，把握时代的脉搏，跟上时代前进的脚步。在社会高速发展的今天，要想理直气壮地站在讲台上，称职地、负责任地面对朝气蓬勃、风华正茂的学生，并与他们进行真诚而有效的思想交流，光靠吃老本儿是不行的。这也许正是我作为一名老教师所必须经常提醒自己的。

　　让我们满怀信心和希望地拥抱2006年吧。让我们都从我做起，从现在做起，把握时代的脉搏，演好自己所担当的角色。毫无疑问，我们的国家、学校，以及我们自己的明天都一定会更美好。

⊙ 原载大连理工大学报第1134期，2006年1月

学为人师,行为世范
——怀念芮又翘老师(2006)

暑假的第一个星期天突然得到芮又翘老师病逝的消息。虽然他已 83 岁高龄,但我还是感觉突然。二十多年来,我已经习惯于在校园的路上与他打招呼,并聊上关于教学的三言两语。我来大连理工不久就认识他了。我们都教基础课,算是同行吧。那时我还是数学系党总支书记,而他正好延聘在我们系讲授理论力学,交往的机会很多。当时我们系规模很小,一个年级只有一两个班,我们系的教室和办公室都在老办公楼。他每次上完课总愿意再待上一小会儿,与我们谈谈学生的学风和学习及学习近况后才离开。他课讲得好,文笔也很好,又特别勤奋。退休以后也闲不住,学校广播台,学习关心下一代委员会,都留下了他忙碌的身影。他当了 12 年的学校教学咨询组委员,听遍了全校青年教师的课,非常关心青年教师的成长。这些年来,由于工作的关系我有幸接触学校本科教学中多位德高望重的老先生,有机会领悟他们宝贵的教学经验和为教育事业献身的精神。芮老师便是他们中最年长的一位,也是很特别的一位。许多老教师退休后唱歌、跳舞、琴棋书画,不仅使自己的晚年生活丰富多彩,而且也为社会增添了光彩;然而,芮老师却属于特殊执著的另一类：教书育人几乎就是他唯一的乐趣。退休后，直到他生命的最后时刻，心里想的依然是自己还能为教书育人再做点什么。说来说去，他就是对教书育人情有独钟！我终于明白了这位为教育事业耕耘了一辈子的八十岁老人的人生追求。

2003年为迎接本科教学评估，教务处组织人整理一部分教师的事迹材料。已经八十岁的芮老师又是志愿者。他打电话约我采访，并告诉我：他自告奋勇写我的材料。一位八十岁的老人，亲自爬7楼到我的办公室采访，我真感觉不敢当。采访中他问得很仔细，认真做记录，临走还向我借走一部分实物资料，包括学生给我的信件、贺卡和纪念册等。几天后，他送来用工整小楷写成的记述我的文章，请我修改，题目叫做《学为人师，行为世范》。我自觉没有达到这个高度，便改成另一个更符合我的题目《永远做学生的知心朋友》。今天送别芮老师的时候，我不由得想起三年前的这段往事。我猛然想到，"学为人师，行为世范"这八个字，不正是芮老师一生的写照吗？在我们大连理工大学校园里，或许他还算不上知名学者，或许他所做的都不过是教书育人的一件件平凡小事而已。但他把这些平凡小事当成人生的乐趣，并且以愚公移山的精神数十年如一日地做到底，这就着实不平凡了。他堪称我们教师队伍中的楷模。我从心底里敬佩他。

⊙ 原载大连理工大学报第1147期，2006年9月

生在中国真好（2009）

我出生于解放战争年代，与新中国同步成长。六十年来，我感受着祖国母亲脉搏的每一次跳动，也见证了这块古老大地上所发生的人间奇迹。我内心感受最深的一句话就是：生在中国真好！

我的青少年时代是在特别讲理想的年代中度过的，受雷锋精神影响最大。这么多年过去了，贺敬之那首长诗《雷锋之歌》的许多片断依然挥之不去。诗的开头几句大概是这样写的：

假如现在呵，/我还不曾/不曾在人世上出生，
假如让我呵，/再一次开始/开始我生命的航程——
在这广大的世界上呵，/哪里是我/最迷恋的地方？
哪条道路呵，/能引我走上/最壮丽的人生？
……
让我一千次选择：/是你，/还是你呵/——中国！
让我一万次寻找：/是你，/只有你呵/——革命！
生，一千回，/生在/中国母亲的/怀抱里，
活，一万年，/活在/伟大毛泽东的/事业中！

四十多年间，这些诗句不时在我心中回荡，但对"生在中国母亲的怀抱里"意义的理解，却是每天都有新的体会。

我为中华文明骄傲。中国是世界四大文明古国之一。中华文明并非最久远，却显然最强大。其他三大文明，早已随着战乱和外族入侵而湮没在历史长河中。今天生活在那里的人种及其语言、文化，与那里曾经辉煌过的古代文明并无直接关联：那三座"庙"里，早就不是那三个"神"了！唯有中华文明源远流长，五千年过去，不断在这块古老土地上创造新奇迹的始终是黑头发、黑眼睛、黄皮肤、使用方块字的炎黄子孙！历史上的外族入侵，非但没有消灭中华文化，反倒被中华文化所融和，最终成为中华文化的新成分和中华民族大家庭的新成员。单凭这一点我就敢断言：无论是"台独""疆独"还是"藏独"都绝对不会得逞，因为在中华民族的发展史中还没有让此类企图得逞的先例。如今，遍及世界的孔子学院一个又一个落成、开学，说中国话、穿印有汉字的T恤衫，乃至汉字刺青，都在成为一种国际时尚。

我为"两弹一星"骄傲。新中国头三十年的发展受到太多历史条件的限制，包括旧中国的烂摊子、国力的贫穷，以及恶劣的国际环境，也包括我们党在探索中国特色社会主义道路过程中的艰难和曲折。即使如此，我们也还是拥有以"两弹一星"为代表的骄傲与辉煌。提起"两弹一星"，就不能不提邓稼先。他是杨振宁北京崇德中学、昆明西南联大和美国留学的同窗好友，1950年在普渡大学获得博士学位后立即乘船回到新中国。1958年8月奉命带领几十个大学毕业生开始原子弹的研制。杨曾形容邓为"一个最不要引人注目的人物。和他谈话几分钟，就看出他是忠厚平实的人""在我所认识的知识分子当中，他是最有中国农民的朴实气质的人""是中国几千年传统文化所孕育出来的有最高奉献精神的儿子"。1971年杨第一次回国访问时曾问邓：中国原子弹研制是否有外国人（指曾传言中的美国友人寒春）参加？邓说他觉得没有，但需要再核实一下。在杨即将途经巴黎返美前夕的上海欢送宴会上，有人送来一封信给杨。那是邓的信，告诉他：他已核实，中国原子弹研制，除1959年前曾得到苏联极少"援助"外，没有任何外国人参加。杨多次提起这段往事，他说："这封短短的信给了我极大的感情震荡。一时热泪满眶，不得不起身去洗手间整容。"我想，这应该是所有炎黄子孙共同的感情震荡。我们今天能昂首挺胸地站在世界舞台上，其实就是无数邓稼先这样"中国农民的朴实气质的人"奋斗

2015年4月做报告后与陕西宝鸡中学学生合影

和献身的结果。

我为今日中国骄傲。中国真正意义的巨变,大约是在我的而立之年发生,并持续至今的。感谢小平同志拨乱反正的勇气和高瞻远瞩的历史智慧。当我们党回归历史唯物主义的正确路线,当"发展才是硬道理"成为共识,当不再争论"姓资姓社"问题,一心一意搞建设、谋发展时,拥有十三亿人口、五千年灿烂文化以及无数次抵御外敌侵略不屈斗志的中华民族,终于像火山一样喷发了。如此世界大国连续三十年两位数的增长速度,中外历史上都不曾有过。如今,中国已经成为世界最有经济活力的地方。我所认识的一个美国人曾当面(不无羡慕地)对我说:"You see, everything is made in China."这也许就是许多国家工薪阶层人士的共同感受。"Made in China"或许使他们中的部分人面临更大的就业压力,但肯定直接在提升他们中所有人的生活质量。在1999年亚洲金融危机中,中国力挽狂澜,硬是避免了人民币随波逐流贬值,其关键性贡献不言而喻,其认真态度、责任感和牺牲精神令世人叹服,也使人民币成为各国民众心目中真正的硬通货,并不逊色于美元、日元或者欧元了。外国友人无不惊呼,只要离开几年再来中国,就会有意料之外的全新感受。钢铁、水泥、粮食、化肥、电视机、电冰箱、洗衣机……中国已经说不清楚到底有多少个世界第一。中国的发展和"不差钱",使得诸如磁悬浮列车、鸟巢、水立方、国家大剧院、首都国际机场新航站楼等一个又一个世界水准的大手笔在中国这块土地上拔地而起,尽情抒发着今日中国之豪迈气魄。无与伦比的2008年北京奥运会开、闭幕式所展示的中华五千年灿烂文化与十三亿中国人的今日风采,则通过高科技电视媒体,令全球几十亿观众为之惊叹和倾倒。可以毫不夸张地说,当今世界,无论是哪国政要,还是诸如世界 500 强的 CEO 们,如果不会打"中国牌",或是不能在中国舞台露一手,很可能直接被淘汰出局。

我为未来中国骄傲。很多人都说 21 世纪将是中国世纪,现已初见端倪。历史将会留下这样的记载:在下一个 30 年里中国所实现的是在科学发展观引领下可持续的更高层次的发展。当源自美国次贷危机的金融海啸席卷全球的时候,世界各国不约而同地再次把目光投向中国,期望中国扮演世界经济复苏排头兵角色。中国也果然不负众望,正按预定策略和目标,率先实现经济止滑、企稳和复苏,甚至竟使金融危机大环境下的汽车销量一举超过美国。尽管按人口计算,中国还属于发展中国家,面临的问题和困难还很大、很多,但这毕竟是(如此持续高速)发展所附带产生的问题,而不是停滞、落后所造成的问题。越来越多的人开始相信:在 21 世纪,中国勇往直前地向着现代化法制国家迈进的步伐不可阻挡,它将以强大的经济实力和明显有别于西方的民主法制,对人类文明做出新的贡献。我们当中的许多人(或多数人),将有机会(在可以预见的未来)亲眼目睹中国成为世界第一经济实体,见证中华民族名副其实的伟大复兴。

我非常庆幸:儿时赶上新中国诞生,而立之年赶上改革开放,花甲之年又体会到中国初扮世界经济发展领跑者角色的那份愉悦。尤其幸运的是,在这个伟大的历史洪流中,我可以通过大连理工大学一个平凡的教师岗位实实在在地搞教学、科研工作,实现对这场历史大变革的参与和奉献,感受人生的快乐。

说来说去,还是那句心里话:生在中国真好!

⊙ 原载大连理工大学报第 1211 期,2009 年 9 月

光荣的责任（2012）

"人民对美好生活的向往就是我们的奋斗目标。"习近平同志这句朴素直言，打动了亿万国人的心。他把"期盼有更好的教育"作为人民对美好生活向往的第一条，还补充说"期盼孩子们能成长得更好、工作得更好、生活得更好"。总书记把教育摆到如此位置，作为教龄42年的老教师，深受感动，无比振奋，同时也扪心自问：人民期望有更好的教育，我能做些什么呢？

我首先联想到的就是每年八、九月份新生入学，家长们千里迢迢送孩子到学校报到的场景。他们对孩子的嘱咐，对学校、老师的期望全都写在脸上。在科学与人类文明飞速发展的今天，孩子的健康成长关系着国家的未来，也关系着每个家庭的未来。

家长们对孩子所期望的无非是"学到本领"和"学会做人"两条，也就是十八大报告所说的"立德树人"吧。具体地说，就是期望自己的孩子从学校毕业后，能够用真才实学、诚实劳动服务社会，从而过上健康、快乐的生活。

大连理工大学是国家"985工程"重点建设大学，除了传承人类文明，还肩负着探索科学真理的任务。学校在一个怎样的层次开展科学研究，学校的整体学术水平如何，决定着人才培养基本平台

2013年11月在河北衡水中学讲快乐学习

的高度。几十年科学研究的切身经历使我懂得，在任何一个领域的国际学术前沿占据一席之地都是不容易的，而要在人类文明发展的洪流中树立起响当当的大连理工大学品牌，只能靠一代又一代大工人的共同奋斗、经营。我已经过了冲锋陷阵的年龄，但依然会在自己所属的国际学术领地持续耕耘，并且甘当人梯，帮助有能力的年轻人超越老师，达到更高的层次。

学校的学术水平并不等于人才培养的质量。本科教学本身就是有规律可循的科学。在许多国外名牌大学，诺贝尔奖得主层次的大牌教授，照样得上大一"普通物理"之类的基础课，照样得在规定时间老老实实给学生答疑。我这样的普通教授，当然更没有脱离本科教学的理由。事实上，几十年持续不断的本科基础课教学使我获益良多。从50后、60后，到今天的80后、90后，正是年复一年与年轻人的面对面交流，督促我把握时代的脉搏，始终保持年轻的心态，也从与他们在校以及毕业10年、20年返校的直接交往中，感受到了生命的价值。与年轻人一起感悟数学、感悟人生的过程是无比快乐的，学生们的鼓励、支持，也在激励我把本科基础课教学坚持到底。

除了科学本领、科学精神，一个现代人的人文精神、做人品格也极为重要。有人的地方就有文化氛围，学生进入大学后，校园文化会在潜移默化中影响他们每一个人。每所大学的校园文化有共性，也有鲜明的个性，不仅因学校层次、规模、地域、学科的不同而不同，而且与学校的历史沿革、文化沉淀有关，也就是所谓"文化DNA"吧。这种特定的"文化DNA"，很大程度上会决定从这所大学走出去的年轻人共同的精神特质。不管怎样"特定"，大学生首先应该是文明、健康的。校园文化，应该能够使每个成员，包括来访者，只要置身校园，就会心生愉悦，倍感人间温暖、快乐，不忍离去，也使任何不礼貌、不文明的丑恶自惭形秽，无地自容。学校有别于社会，应该是一个大"氧吧"。从我们学校向社会输出的新人，是社会的新鲜血液，应该朝气蓬勃，更有学识，也更有人情味儿，充当中华民族伟大复兴的中坚力量。

世界是多元的。今日中国经济的超高速发展也伴生了诸多社会问题。特别是社会腐败正在形成一种文化，从妇产医院送红包、幼儿园送礼就开始了，直到某些省部级甚至更高级别官员的贪赃枉法。违背职业道德谋取私利，是一切腐败现象的共性，必然也会影响到学校。教师是培养教育新人的，他们自身的职业操守应当无可挑剔，并且用自己的言传身教一点一滴影响学生。只有这样，社会才有希望。作为过来人，我们可以理直气壮地把历史与现实的真相告诉年轻人：今天的中国正处在最好的发展时期，他们的人生舞台是无限的。乐观地看待中国、看待人生，是根本中的根本。作为老师，我们要为年轻人加油、打气。我的每一堂课、每一次教授讲座、每一条 BBS，都锁定这个基本的人生态度。我希望并且相信，我的每个学生，都能乐观地面对人生，面对未来。

2012 年 6 月 18 日，在学校 2012 届毕业典礼上，我曾作为教师代表献辞："人们说 19 世纪是英国世纪，20 世纪是美国世纪，21 世纪是中国世纪。你们恰好是中国世纪的中国年轻人，太幸运了。老一辈羡慕你们，外国年轻人羡慕你们。今天又从代表国家水平的'985'大学毕业，中国年轻人也都羡慕你们。我衷心希望：再四十年，当你们到我今天年龄的时候，可以无愧地说：我对得起母校，对得起'中国世纪'。我报效了祖国，也享受了多彩的人生。"这也是我今天在课堂面对 90 后年轻人时的真实感受，是我最想说的话。

⊙ 原载大连理工大学报第 1271 期，2012 年 12 月

做一名称职的主讲教师（2014）

我来大连理工大学33年了，一直都在基础课教学第一线。一馆、二馆、主楼老阶梯、基础部、机械馆、材料馆、老办公楼、建艺馆、八角楼都是我再熟悉不过的地方。现在最常去的要数综合楼了。有一次我到综合楼上课，门口碰到一位老熟人。他半开玩笑地说："你怎么也在这儿混啊？"他是想捧我，把我划入"大牌教授"行列，认为我不该在这儿出现。我是1991年全校首批破格晋升的四位45岁年轻教授之一，上过报纸头条。四人中的苏志国、楼梦麟老早就离校去了北京、上海，塞锡高刚评上院士，我搭车称一次"大牌"也还不算离谱。但说真的，想在综合楼遇见"大牌教授"还真不容易。

学校是传承人类文明香火的地方。我认为一个大学老师就是教学、科研两件事，当然要教书育人。2013年9月10日，《光明日报》记者到我校采访学习吴金印事迹的体会，我说了一堆话。9月12日见报时，被他们压缩成三句——

从教40余年的大连理工大学数学科学学院教授郑斯宁表示："吴金印心中的'上帝'是唐庄镇的农民群众。作为一名大学一线教师，我的'上帝'就是学生。要想达到最好的教育效果，就要向吴金印学习,尊重每个学生的人格、个性,帮他们找到自己健康成长的道路。"

关于谁是"上帝",我想再多说几句。举两个例子。

第一个例子:1986年党和国家领导人李鹏同志到我校视察,我被选中作为5名教师代表之一和唯一的青年教师参加座谈,但时间与我的数学分析课冲突。我向党办请假,照常上完本科生课后才赶去参加座谈会,晚了二三十分钟,但心里很踏实。我多次跟我的学生说:"给你们上课是我的第一优先。如果我哪天没来上课,一定是被救护车拉走了。"

第二个例子:2004年教师节我被选定代表优秀教师在表彰会上讲话,与我的微分方程课冲突,教务处答应为我调课。我说:优秀教师不上课去代表优秀教师讲话,岂不成了"优秀教师悖论"?皮球踢给朱泓处长。朱处长认为我说的对,当即拍板换人,换成辛剑老师。

总之,作为一名教师,我心中的"上帝"不是处长、院长、校长,也不是国家总理、主席,而是我的学生。为学生服务是至高无上的。在综合楼上课并受到学生的欢迎,是最靠谱的事。怎么能说"混"呢?回想49年前我在北大读书时,教我数学分析这门课的是大数学家钱敏,今年87岁了,前不久刚刚荣获中国数学最高成就奖华罗庚奖。这位传奇老师的传奇之一就是:退休后连中三元,连续指导出三篇全国百优博士论文。跟我自己的老师比,我到综合楼上数学分析课,算个啥呀?

1982年我上大工讲台的首讲是研一的"数学物理方程"课。

这批学生太牛了，有不少人成为院士、长江学者、杰出青年、校长等，其中包括崔占峰、宁桂玲、栾茂田、王永学、腾斌，等等。他们到现在还认我这个老师，认我这门课讲得好。人们常说：你幸福吗？这就是幸福！

我每年都要应邀参加学生毕业20周年返校聚会，他们曾读书的教室永远是他们心中的圣地。我认为并真心希望，在我们大连理工大学，综合楼与研教楼能成为全校师生员工最大公约数和学校的第一圣地。

下面再说说教育教学研讨。

向学生传道、授业有两个要点：一是长知识；二是长功力。由于大脑内存有限，如果只长知识，不长功力，知识会越背越重，最后把人压垮。但功力不是凭空修炼的，离不开相关知识作为载体。如果把新知识与旧知识，以及其他学科甚至生活的知识联系起来，并且学会使用，那就不仅学了知识，而且通过触类旁通，还长了功力。不仅不占内存，反而把内存扩大了。这才是最有效的学习。最近两年我有幸给青年教师讲课比赛做评委，他们的精彩表演给我留下深刻印象，许多方面比我做得好。但也有不如我的地方。我曾经开玩笑说：他们龙体画得精致，但往往龙的眼睛一般，不大有神。我画的龙，很可能眼睛更有神、更明亮。在我看来，提高教学质量，最根本的还是真把这门课吃透，并且有用相关知识做科学研究的切身体会。只有达到这个境界，并且用心准备，龙的眼睛才会炯炯有神。

所谓"吃透"没有止境，只能是相对的。我想，作为教师至少应该弄清这样几件事：(A)你所教授的这个学科在整个科学中处于什么位置？(B)你这门课在这个学科中又处于什么位置？核心目标是什么？(C)今天这堂课在这门课中处于什么位置？这堂课最主要的知识点和训练点是什么？无论是前一天入睡前，还是整堂课的过程中，这最基本的 ABC 一刻也不能忘，否则你画的那个龙，眼睛不会有神。

有人看不起教改，认为是走形式。正方的道理很简单：任何一门课的知识，对老师可能是旧的、已知的，但对学生却是新的、未知的。如果老师每年都照本宣科去公布标准答案，拿旧讲稿重复昨天的故事，自己不可能有激情，更不可能感染学生。事实上，同一门课，不仅相关科学在发展，时代环境和授课对象也都在变化。教改的本质就是让教学与时俱进，不仅教学的内容安排、方法要不断改，教师的心态也要改。我弟弟在加拿大名校 UBC（不列颠哥伦比亚大学）任教，他告诉我，在他的课堂上，学生 iPad 在手，随时在搜老师讲的东西。作为教师，你不讲出点儿彩，不讲出点儿网上搜不到的东西，学生会听你、服你吗？

我的体会是，不妨在课堂的某些环节，把自己摆在与学生平等的学习者、发现者的位置，不断地与学生一起自我提醒：这堂课要干什么？现在走到哪儿了？下一步是什么？证明的大体思路该是怎样？否则，长达几页的大定理证明没法讲。

人类的任何知识和道理都是相通的。我讲每一个新知识、新道理，都尽可能用生活的例子做类比，甚至常举《非诚勿扰》中的例子。数学分析是 272 学时的大课，一上三个学期，事关数学人的基础知识和看家本事。即使是这样的课堂，发现式教学和创新能力培养也是可行的。许多学生毕业20周年返校时告诉我：不管今天在干什么工作，当年数学分析课的发现式学习对他们的能力培养都是使他们终身受益的。前不久青年教师讲课比赛，数学、物理、建设工程、交通这四个专业的教师讲的分离变量法、量子能级跃迁、刚结构稳定性、车身轴向压溃的本质竟是同一个数学问题，即常微分方程的特征值问题，其中有两位还得了一等奖。以后我再讲到这个知识点时，会更有灵感。

在第一线我与学生一起探索、学习，感情深厚。每当学生毕业离校或课程结束，都难免伤感。20年前我常去西山与毕业生话别，现在不敢去了。每年6月西山上演的"胜利大逃亡"太惨烈了，卖书的场面惨不忍睹。最后清场时，卖不掉的书是被推土机推走的。有的学生离校恨不得"净身出户"，但多数学生卖书、扔书还是有选择的。他们到底喜欢哪些课和哪些老师，在那一刻是可以得到间接印证的。我坦言害怕遇到学生卖我教过的书的尴尬场面，算是阿Q吧。但每次结课、每年毕业，还真有学生拿着我教过的书，请我在扉页签名留念，明确表示要永远珍藏。人数不多，却足以令我感动、难忘。

最后讲讲教书育人。在我看来，教书育人无非是：（1）以乐观、阳光的心态面对学生，不断给学生补充正能量，为学生鼓劲、加油。（2）强化法治与职业道德观念。市场经济环境下，利己不可耻，可耻的是不守规矩，违反游戏规则。行为的对与错是相对于法律与游戏规则的。考试作弊和腐败的本质不是利己，而是不守规矩，是违反职业道德，甚至是违法。（3）追求快乐、幸福天经地义，但不能妨碍他人、让别人不舒服。不能你俩爱得挺 high，别人却不得不闭眼、躲着走。

此外，要尊重每个学生的人格、特质，对不喜欢自己的课而另有所爱的学生也不能歧视，应该帮助每个学生树立不断完善自我的自信心。不要攀比，不必羡慕别人，道理很简单，个子高、眼睛大、皮肤细腻也都只是特点，未见得就是优点。个子越高稳定性越不好，眼睛越大越容易进沙子，皮肤越嫩越容易受到刮碰伤害。每个人都是独一无二的，过去、现在和将来都不会有第二个你，每个人应该而且能够造就出独有的精彩。

当教师同样没有标准模式。在不违反职业道德的前提下，教师可以而且应该树立自己的风格、自己的品牌。使学生受益、受学生欢迎是硬道理和试金石。给学生上课，就是在书写自己的历史，你的课有没有意思、要求严不严，你的人品、你的特点，学生心里都有本账，而且口口相传，一届传一届。三十多年来，在数学系，上过我的课的学生都感到幸运，并且过了二十年还记得；没上过的许多同学则感到遗憾。这就是真心付出的回报，也是品牌的力量。还有比这更幸福的事吗？

三十多年间，除了一线教学工作，我还一直承担班主任、马克思主义学习小组指导教师等直接面向学生的工作，发表过三十多篇教学随笔与励志文章，每学期都有一次教授讲座，拥有大批"粉丝"，不断收到一届又一届学生数不清的贺卡、信件和电子邮件。2010 级理科基地班数学分析结课时我收到一张朴素的自制贺卡，

2013年教师节与2012级理科基地班学生代表合影

上面写着:"亲爱的 Dr Zheng: 去年的 Christmas 还历历在目,今天就要分离。您的课总教给我们很多,无论是数学还是人生,这将是我们一生的财富。我们爱您！！9舍603 程译滢、郭琼瑜、杨帆、彭双"她们已经大四,彭同学本校保研,程、郭、杨同学将到美国深造,都有我的推荐。2013年教师节,我任课的2012理科基地班、华罗庚班的52名学生,每人都送我一张贺卡。几十年间,这种场面太多了,但当三名学生代表手捧鲜花和厚厚一大叠贺卡,突然出现在我办公室的那一刻,还是令我感动不已。不同的是,十多年前还有学生在贺卡上跟我称兄道弟,如今已经有人称我为"可爱的爷爷"了。这几年,我还受马克思主义学院聘任,担任政治理论课小班讨论辅导教师。我用我六十多年的亲身经历与学生交流,受到2009~2013级数学、化工、电信、人文、外语等院系学生的热烈欢迎。为学生服务,得到他们的认可,这就是我的第一精神支柱。虽然我大部分时间花在了科研上,但教学,特别是本科生教学却始终是我无法割舍的最爱。我是奉献者,更是受益者。与一届届年轻学生的互动、交流,使我得以始终保持年轻、乐观、阳光的心态。可以毫不夸张地说,综合楼、研教楼就是我充电和加油的地方,失去它们,我的精神头儿会打折。

最近公布的全国大学生数学竞赛预赛结果,获得专业组一等奖、即将代表辽宁省到中国科技大学参加决赛的三人是我任课的2012级华罗庚班学生。昨天中科院专家与我们一起刚刚完成2013级华罗庚班的选拔,学院又把新"华班"的数学分析课交给了我。面对这么好的学苗,我感到使命光荣,责任重大。我一定要"保持晚节",继续做一名称职的主讲教师,不辱使命。

⊙ 原载大连理工大学报第1292期,2014年3月,系作者在大连理工大学事业发展研讨会暨第十五次教育教学研讨会闭幕式上的发言

教坛耕耘琐记（2014）

　　1969年10月，我们北大力学专业以及技术物理系、无线电系师生一夜之间被驱赶到陕西汉中653分校搞斗批改，后来才知那是"一号通令"下的战备大疏散。五个月后的1970年3月，工、军宣队一手操办，速战速决完成毕业分配，把我们发落至天南海北的最底层。没有志愿，没有选择，只能从命。原则简化为"就近"。我们班五个东北人全部打回东北：我是吉林考生，吉林名额太少，分到与吉林省接壤的辽宁省昌图县，另一个吉林人邓贯瀛去黑龙江伊春；辽宁人王燕庭、孙贺琦和朱永成，分别去辽宁开原、铁岭和新宾。江浙、上海没有名额，上海同学大都发配贵州山沟，北京同学主要去向为"三北"（西北、华北和东北）农村。当时汉中还不通火车，只能分批运送到宝成铁路沿线的阳平关或略阳。东北、贵州离汉中最远，也就头一批上路，解放牌敞篷卡车拉我们到三百里外的秦岭重镇略阳。我站在略阳天桥遥望绵绵秦岭，感慨万千：1965年我从东北师大附中考入北大数学力学系时，曾满怀壮志和理想。读书不到一年就遭遇"文革"。按"最高指示"折腾了四年，就这么被打发了，连个文凭也没有。十年后的1980年终于拿到补发的文凭时，已过而立之年。后来我多次跟我的学生调侃说，我的北大文凭是假的——基本没读书,只有一个学期的成绩,拿不出成绩单来。四年半的北大生活很不平静,数力系65级学生两度去昌平200号分校累计9个月,力学专业学生外加两度去汉中653分校9个月。印象最深的当属1967年8月我与同班孙洪修、王燕庭合写过一张题为《中央文革包办代替给北大运动带来后遗症》的大字报,贴在29楼与燕南园之间紧挨小商店的大字报棚,认为北大的反工作组是由"中央文革小组"来定调、包办的,留下后遗症。大字报只保留了几个小时,就被一场暴雨冲毁,我们仨也躲过一劫。后来的"斗批改"活动安排与教师混搭,让我能有幸结识武际可等一批有学识、有思想的老师。

我到昌图县报到时才知道,北大分来60多人。一个纯农业县一次接收60多名北大毕业生,该算吉尼斯纪录了。这60多人又继续分到全县十几个偏远公社中学。我与地球物理系鞠复华,中文系

2015年5月与孙洪修、王燕庭

李炳海、史桂琴夫妇，分到距县城百里开外的东嘎公社（现东嘎镇）。东嘎属汉蒙混杂地区，蒙古族占很大比例。"东嘎"为藏语译音，源于藏传佛教，为藏传佛教法器"白色海螺"之意。在西藏拉萨西郊有同名的东嘎镇，在四川甘孜县还有东嘎寺。在昌图县东嘎镇公社保留了许多蒙古族习俗，爱喝很浓的红茶。到老乡家做客，主人会当场用搪瓷缸在柴火上沏出中药汤状的红茶招待你，问你"敛不敛糊？"用"敛糊"形容茶水之浓，够神奇的。东嘎的标志性建筑是一座藏传佛教大庙，后改建成公社礼堂。我们报到时，校舍尚未建成，工作就从建校舍开始。木料取自东嘎大庙，清一色的陈年红松。

1970年秋，校舍基本完工，东嘎公社中学也迎来首批学生。按当时辽宁省学制，中学分成六、七、八、九四个年级。我教八年级数学，并担任八年二班班主任。"文革"牺牲品和臭老九，当然不愿意再当老师，但面对朴实的农村孩子，只能认真教，不能糊弄。中学位于东嘎公社西南角，大部分学生上学得走十多里土路，三分之一的学生还要走简易浮桥过辽河的支流二道河。条件艰苦、交通不便，上学不容易。雨天道路泥泞，就更难了。学生缺席太多时，学校常选择停课，放学生回家。我不忍心让冒雨跑来的学生白跑一趟，总是临时安排讲点什么。让这些学生有所得，我心里才踏实。

为了了解学生，当班主任不久，我就利用三个周末，分东、南、北三个片区，对全班学生逐一家访。这也成为我了解东北农民的最早通道，感触良多。尽管"文革"的大气候排斥知识分子，但那些朴实的底层农民却始终尊重读书人。就算他们不知"北京大学"与"北京的大学"的区别,但对我们的欢迎、尊重却明白地写在脸上。三十多年后,2005年8月,借北大学子重返第二故乡铁岭大聚会之机,我带正在美国读大学的儿子郑好雨一起再回东嘎,一下车就被当年的学生团团围住。我当场叫出了每个学生的名字,一个翟姓女生上前与我拥抱,兑现"如果郑老师能叫出我名字,我就跟他拥抱"的承诺。这是我教坛耕耘的起点和第一批学生,曾与他们朝夕相处,还走访过每个人的家,当然忘不掉。

辽北农村生活很艰苦。主食是高粱米(永远脱不净壳子的杂交高粱"晋杂五")和苞米面饼子,没有荤腥。我与鞠复华单身,住在学校的大炕,四五个人挤在一起。李炳海夫妇租住了老乡依坡而建的地窨子(只有前墙,没有后墙,类似陕北窑洞)。学校的老师还有几位是来自沈阳的大学、中专和中学的老师,到东嘎插队落户的"五七战士"。其中的李庚钧老师早年毕业于燕京大学,与我还算北大校友呢。后来,1980年代李与我还同时在美国做访问学者,我在密西根大学,他在芝加哥大学。他儿子李觉先是当年我在东嘎教过的好学生,1977年考入辽宁大学数学系,在吉林大学取得博士学位,成为了我的数学同行。

其实我算不上正宗东北人。1946年11月我出生在重庆沙坪坝,父亲郑汝骊祖籍河南罗山,母亲张翼伸是湖南平江人,抗战时期分别毕业于大后方的西南联大(昆明)和武汉大学(四川乐山),又都流落陪都重庆,在重庆大学任教。解放后我随父母来到长春,也就成了东北人。1976年我离开东嘎时已经30岁,六年半的辽北农村生活把我彻底打造成了东北人。除了高粱米苞米面、大葱大酱的滋养，冒烟土炕的烘烤，还有农村淳朴民风、民俗文化的熏陶，这些都渗透到了骨髓。在我离开农村以后的许多年，直到今天，依然脱不掉身上那股炕烟子味，依然习惯于以一个东北农民的视角看世界。我的东嘎生活还算愉快，不仅受到学生欢迎，也受到领导、同事肯定。我与李炳海、鞠复华都在东嘎入了党，李炳海还被提拔做了公社副主任、副书记。鞠复华1975年对口去了辽宁省环境监测站，李炳海则一直待到1978年，才通过考研究生离开东嘎，后来成为研究先秦文学的知名学者、教授、博士生导师，任教东北师大及中国人民大学。那段岁月我还结交一批从辽宁省实验中学上山下乡到东嘎插队的老知青。我1981年研究生毕业35岁成家时，找的就是在东嘎共患难的辽宁省实验中学老知青、77级大学生张南虹。

我从不隐晦：农村教书的岗位，满足不了我的事业追求。在农村教书时，我的主要空暇时间都用在了学习上。首先把大学头两年的基础课数学分析、高等代数等自学补完，跟以往上课的感觉很不一样。农村供电不足，时不时就停电，我要常备蜡烛、煤油灯，晚上读书很辛苦。由于一时无法把握未来去向，索性学外语（还曾学德语和法语）。我的英语是1968年北大"3·29武斗"后的三个月在家自学的，这些自学后来大都派上用场。先是1976年我凭自学的英语本事，进入三机部133厂技术科干了两年英文翻译。那时中国刚从英国引进斯贝航空发动机制造技术，有海量图纸、工艺工程需要翻译，工厂懂英语的人不多，我很快进入角色并成为骨干，还熟悉了机械制造冷、热加工工艺，以及航空发动机燃油系统工作原理。1977年春被抽调到三机部北京628所翻译《美国军用标准》。我承担的几个标准的翻译质量受到好评，又被留下来做收尾工作。这段经历算是我对中国国防现代化起步所尽的微薄之力吧。1977年恢复大学及研究生考试，终于迎来人生转折。我同时报考了吉林大学非线性偏微分方程研究生和北大回炉班，以求双保险。这时，农村时的自学再次派上用场，两个都轻松录取。经过一番纠结，我选择读研，导师为后来对我影响至深的伍卓群教授，也从此与非线性偏微分方程结缘。

吉林大学数学学科相当不错，1978年首届招了硕士生17人，除我以外全是本校毕业的，也只有我是程度最差的65级。自学的东西不够扎实，而数学的特点就是逻辑环环相扣。跟辉煌的过去不同，研究生阶段的学习不再轻松，修完规定课程不易，做研究更难。我曾花整整三个月时间才勉强读懂美国数学家DiPerna关于双曲守恒律组弱解稳定性、唯一性的一篇50页文章，再做一点点改进、推广。由于这篇长文难读，国内审稿困难，两年后的1982年"双微会"时，Rabinowitz建议我直接邮给DiPerna本人。DiPerna复信肯定我的工作，建议到美国顶级杂志发表。多年以后，我在《青春的记忆》一文中曾这样描述这段时光：

当我1978年作为"文革"后的首届研究生进入吉林大学数学系，重返大学课堂的时候，已经32岁，不再年轻。我拼命读书，从零起步做科研。心里只有一个念头，那就是把失去的青春抢回来。当时我还没有成家，我甚至不惜用"理光头"之类的极端做法激励斗志。我坚持下来了，坚持到了今天。

1981年，我研究生毕业来到大连理工大学任教，当上大学老师。教的第一门课是数学物理方程，学生则是1978年入学本科，毕业后接续读研的1982级硕士生。大连理工大学有非常好的人才成长环境。1958级校友程耿东1964年从北大数力系毕业后考到大工读研究生，"文革"中被发配到沈阳教中学。大工屈伯川老校长和钱令希先生珍惜人才，"四人帮"年代就有魄力调他回学校搞业务，粉碎"四人帮"后又最早送他出国留学深造。程耿东现在是力学结构优化领域大家，1995年当选中科院院士，2012年当选俄罗斯科学院外籍院士，并以北大人的严谨治学态度出任大连理工大学校长11年。我曾愉快地受他聘任，担任应用数学系主任四年。

1984年9月，我作为国家公派世行贷款访问学者到美国密西根大学留学，导师为Smoller教授。当时国内做研究最头痛的就是查文献。在美国，不出密西根大学数学系图书馆之门，就可以解决全部参考文献，相见恨晚啊！我如鱼得水，每天泡在图书馆，次年的五六月份，已有三篇论文被著名数学期刊接受，终于可以放松一下了。很巧，北大计算机系教授、原数力系64级校友杨冬青也在密西根大学访问，我在数学系，她在计算机系。1985年暑假，我们结伴儿乘火车到芝加哥潇洒走一回。当时，杨的同班同学文兰正在芝加哥北郊的西北大学读博士，我们三人同游西北大学校园，同游芝加哥down town，同登当时的世界第一高度——希尔斯大厦，在密西根湖畔留下不惑之年北大学子的身影。这是我来到美国一年间

1985年在美国西北大学与文兰、杨冬青

仅有的一次游玩经历。文兰日后成为微分动力系统领域大家，1999年当选中科院院士，2005年当选第三世界科学院院士，曾出任中国数学会理事长。

十年以后的1995年，我再次作为高访学者来到美国加州理工学院，访问著名数学家侯一钊教授，与北大数学学院84级校友张平文同在一个办公室工作。当时张已博士毕业，在北大任教，应邀到加州理工学院与侯合作研究。9月的中国留学生迎新晚会上，每位新人自报家门，当年进入加州理工的29位新人中有28位来自北大、清华、中科大三校。每说出一个校名，就爆出该校老校友的掌声欢呼声。我"北大数力系1965级学生"的资格吓人一跳，张平文则自报"北大老师"，除了掌声欢呼声，还引来笑声。张平文给了我很多帮助，包括教我发电子邮件。当时计算机还是Dos操作系统，不像今天的 Windows 使用这么方便。还有另一名北大校友吴晓辉在侯门下做博士后，两位学弟使我在异国他乡感受到校友的温馨，也很快熟悉了加州理工的环境。张平文后来成为中国计算数学名人和长江学者，现任北大数学学院常务副院长，2015 年当选中科院院士。

两次留学美国的经历对我的学术发展有重要影响，我在密西根大学完成的四篇论文全都发在了美国著名数学期刊上。"文革"耗费了我全部的青春年华，这些只能算是迟到的收获了。我下意识地在双地址的 Dalian Institute of Technology, PR China 处加注 Permanent address（永久地址）。在加州理工的一年对我影响最大。我受到最纯正的科学精神洗礼和最彻底的灵魂净化。这所只有 800 个本科生、1200 个研究生的学校，却出了三十多项诺贝尔奖，影响了人类文明的进程。加州理工的 Firestone Laboratory, Guggenhaim Laboratory, Karman Laboratory 是连在一起的，我的办公室与当年钱学森的办公室在同一座建筑内。每当我从那间办公室门前经过，总是难平内心的波澜。在那一年时间里，我的学术收获也很大，特别是当时关于非线性抛物型方程组解的奇性分析的若干直觉，后来陆续被我和我的博士生们实现，成全了我后半生的科学研究。

2013 年 10 月 12 日，当年教我大一数学分析课的 86 岁的钱敏老师获得 2013 年度华罗庚奖（中国数学最高奖）。钱老师退休后还指导了三篇全国百优博士论文，真了不起。我比钱老师小 19 岁，仍在一线工作，权当"文革"延误的"伤停补时"吧。"文革"荒废了我的北大学业，但北大精神却影响我一生。"北大人"的身份，使我始终有一份额外的责任感、使命感。迄今我已累计发表 SCI 检索数学论文 100 余篇，为美国《数学评论》撰写评论 200 余则，担任 6 种国际数学期刊编委，培养毕业了 21 名博士生（刘婧、宋先发、赵立中、刘丙辰、李锋杰、乔岚、孔令花、王巍、王金环、梁波、姜朝欣、姬瑞红、郭豪杰、曲程远、周双双、白学利、杨春晓、杨金戈、曹欣菇、赵围围、何晓）。

从 1970 年发配辽北农村中学当老师，到 1981 年来大连理工大学任教，教师成为我的终身职业，我也从不情愿当老师，到无比热爱这个神圣的岗位。在我看来，大学教师就是教学、科研和教书育人三件事。三十多年来，我从未脱离过一线本科教学，还承担了班主任、马克思主义学习小组指导教师、两课小班讨论辅导教师等直接面对学生的工作，发表过数十篇教学随笔与励志文章，拥有大批"粉丝"，也不断收到一届届学生数不清的贺卡、信件和电子邮件。为学生服务，得到他们的认可，成为我的第一精神支柱。摘录几段时间跨度 23 年的学生赠言。

1989 级提高班："我非常庆幸在我刚接触到高等数学时能得到您这样一位好老师的指点。我至今难忘在寒冷的冬夜您穿着朴素的蓝棉袄，夹着黑色的皮包到电子系楼为我们上数学物理方程课。屋中的暖气抵不住窗外的寒冷，一阵阵寒风透过窗户的缝隙吹进教室，而您挥动两只沾满粉笔末的手，来到窗台边，为我们讲述偏微分方程以及怎样描述这一现象。"（张毅）；"您对教学的执着、热情、忘我的精神，以及对学生无限的责任心，总使我感到无限的感激与钦佩。"(彭建华、王昭军、韩向宇、徐志发、于雪梅、王薇、乔琳);"像所有敬您爱您的学生一样,我也深深地被您的学识和人品所感动。"(徐志发,余小怡);"您孜孜不倦的工作热情,勇往直前的无畏信心,将深深影响我们今后的脚步。"(彭建华)

数2001级4~6班:"您的学识、人格,您对生活那充满青春活力的态度都给我留下了深刻的印象。我很荣幸能成为您的学生,更荣幸能成为您的朋友。"(冯一宁);"您是一个天使,不仅传播知识,更传播快乐。"(耿丹);"是您用生动活泼的讲课方式和敬业精神让我们认识到原来数学也是那么有意思。"(卢欣);"与您相伴的这段时光将是我学生生涯中最为难忘的。您以您的人格魅力感染着我们每一个人。"(王文娟);"与您相处的日子将是我心中最好的回忆。"(刘晓波);"我们是师生,更是朋友。"(张睿);"有您做我们的老师、朋友真好。"(张雯雯);"您亲切得就像我自己的同班同学,您是那样地充满活力。"(王晓欢)

数2003级5班全体:"您像一支红烛,为后辈献出所有的光和热!您的品格和精神,可以用两个字概括,这两个字就是——燃烧!不停地燃烧!"

数2010级理科基地班:"去年的Christmas还历历在目,今天就要分离。您的课总教给我们很多,无论是数学还是人生,这将是我们一生的财富。我们爱您。"(9舍603程译滢、郭琼瑜、杨帆、彭双)

数2012级理科基地、华罗庚班:"您用认真严谨的讲解带领我们征服数学,用幽默风趣的故事激发我们的斗志,让我们成长。"(吴雨溪);"在接受知识的同时,您给我的最大感觉就是亲切、慈祥，像我爷爷一样。"（苏苗苗）；"我特别喜欢您，像一个慈祥的爷爷。"（夏梦婷）；"每次看到你骑车的背影，都会由衷地钦佩。可以强烈地感受到你对生活、对生命的热爱。"（徐汾）；"您不仅教会了我们知识，您那乐观的态度和不服老的精神更是带给了我们满满的正能量！做您的学生我感到很幸运。"（刘凯荣）

2011年教师节，大连晚报记者采访我后发了一篇题为《65岁老博导给本科生上课一包劲》的整版报道。四十多年教师生涯，学生从当年的50后，变成今天的90后，自己也熬成了爷爷辈，这就是蜡烛的燃烧吧。

我在大连理工大学三十多年，最早被选入第三梯队，最早在国外著名数学期刊发论文，最早的老五届副教授，首批破格晋升45岁以下教授，首届教学名师奖，首届屈伯川奖教金。获宝钢教育基金会优秀教师特等奖，辽宁省自然科学二等奖，辽宁省教学成果一等奖，辽宁省教学名师奖，国务院政府特殊津贴等，还七获大连理工大学乒乓球男单冠军（1991、1992、1994、1997、2001、2002、2005年）。

2012年6月18日，我作为教师代表在大连理工大学2012届毕业典礼上献辞，得到现场近万名学生的热烈回应。那是我教坛耕耘四十余载的几句心里话：

我是数学学院教师郑斯宁，教龄42年。人们说19世纪是英国世纪，20世纪是美国世纪，21世纪是中国世纪。你们恰好是中国世纪的中国年轻人，太幸运了。老一辈羡慕你们，外国年轻人羡慕你们，今天你们又从代表国家水平的985大学毕业，中国年轻人也羡慕你们。我衷心希望：再过四十年，当你们到我今天这个年龄的时候，可以问心无愧地说：我对得起母校，对得起中国世纪。我报效了祖国，也享受了多彩的人生。

⊙ 原载《告别未名湖2——北大老五届行迹》，九州出版社，2014年

导师角色与学术团队 DNA（2015）

我担任研究生指导教师快三十年了，已经培养毕业博士 21 人、硕士 30 多人，有的还评上过省优秀博士、硕士学位论文。我倾注了心血，也受益良多。写几点体会与大家交流。

一、导师在科学舞台的使命与责任

近百年，特别是近三四十年，人类科学进入高速发展期，迅速改变着世界的面貌，也深刻影响着每个地球人的生活。但在享受现代科学成果的几十亿人中，以探索科学为职业的人却只是极少数。年轻的研究生，特别是博士研究生，正是科学探索的生力军，世界各国无一例外。导师带领博士生做研究，就是在科学探索的大舞台上扮演一个角色，相当于注册了一个科学研究的团队户头，成为整个科学事业的一个学术细胞。大舞台的领衔主演是诺贝尔奖获得者这样的大师们，但我们这些普通角色，同样也是不可或缺的，同样可以有精彩的表演。导师的责任就是通过产出高质量研究成果的过程，为科学舞台培养合格的高层次创新人才。伴随始终的还有团队的自身建设与发展，既包括有形的团队人员队伍，也包括无形的团队信誉与品牌。导师要有高眼光、大胸怀，团队要有鲜明的自身特色。

二、导师学术平台对研究生培养的重要性

研究成果学术水平的高低，首先是由产生成果的平台确定的。中国至今没有出现诺贝尔奖，最根本的原因就是：在中国，如此高水平的工作平台实在太少了。评职称、评奖，以及层层考核，使许多人更关注出成果的数量、速度，而不是成果的质量。像陈景润、张益堂这样宁可长时间不出成果，横下心来做大问题的人太少了。二十几岁的博士研究生，受过完整的专业教育，思想活跃、精力旺盛，正处于创新工作的黄金期，具有无限的创造力。但学生是在导师提供的平台和工作基础上创新的，他们学术成果的品质和层次，首先是由导师的工作平台决定的。道理很简单：想要攀登珠峰，只能把大本营扎在珠峰脚下；倘若平地攀岩，即使再辛苦、艰难，也绝无攀登世界高峰的可能。导师的责任，首先就是要把博士生带到与国际接轨的研究工作平台。于是就要求导师自身的工作要与国际接轨，要有这一领域较高层次研究的亲身经历和体会。有志者（无论博士生，还是导师本人），必须不断追踪相关领域最新的一流工作，作为自己创新工作的基础和参照物。设想一下，如果研究工作是从跟进普通杂志的普通成果入手的，做得再好，也只能发在更普通的杂志上。这就要求导师自己不断学习、更新知识，不断提升工作平台的学术高度；研究生读文献也不能专找软柿子捏，而是要努力跟踪顶尖学者和顶级期刊的最新、最好工作。当然也还得"接地气"，充分利用已有的基础和自身优势。一般来说，"从零开始"不

可取，也不可行。我招博士生之前，已经在非线性偏微分方程组的研究方面积累了一些经验，在非线性抛物耦合组解的奇性分析方面的工作曾得到美国数学大家 J.Serrin 院士的好评，引用率很高。十多年前，我的工作平台是大致上与国际接轨的。博士生们在这个平台上频频创新、出彩的同时，也在把平台本身不断加宽、加高，不断开拓出新问题，在国际数学期刊发表了上百篇文章，逐步形成了团队工作的自身体系与特色。我们关于非散度型退化扩散方程解的渐近行为的工作得到一位著名德国数学家的关注，他主动联系我们，高度评价说：他确信这是一项 really nice 的工作，希望我们今后把这方面工作的任何进展随时告诉他。但另一方面，我有好几个优秀学生从我这里毕业后，在德国、美国以及国内著名高校的更高平台上，很快做出了更高创新层次的研究成果，则又说明了我这个学术平台的局限性。

三、讨论班是培养研究生的有效形式

好的选题和平台只是高水平成果产出的基本要素和前提，好成果当然是通过艰苦的科研活动创造的，而有效率的科研活动又需要有合理的运行机制来保证。今天培养研究生的途径，既不是旧时代师傅带徒弟那种自我封闭的小作坊，也不是标准化操作的现代大工厂，而是以年轻人为主体，具有专门知识的有志者组成的创新团队。以数学学科为例，国际通行的做法就是每周定期活动的"讨论班"（Seminar）。例如，我们一般每周安排两次讨论班，每次两小时。大家轮流报告。讨论班报告内容大致有两类。一类是讲最新文

献或自己研究工作的最新进展，另一类是读一本专著或者学一门新知识，主要由博士研究生轮流报告。我主持"非线性偏微分方程讨论班"已经有二十年了，学生换了一茬又一茬，但讨论班活动雷打不动，从未间断过。学生是最大的受益者，从一开始对该领域知之甚少，到比较熟悉，不仅积累了知识，而且长了功夫，想问题、讲问题、做问题的能力都越来越强了。每个学生报告之前，必须做好功课，难点及关键之处得反复琢磨，并找他人讨论。这样上台才有底气。如此认真报告自己研读他人最新前沿工作（或自己工作）的心得，听者当然受益；而且导师、同学的提问，还可以帮报告人搞清自己事前没能完全弄懂的难点，发现新的问题。国内外的实践证明，讨论班是学术交流与研究的极好形式，也是营造团队学术风气

2012年1月博士生周双双、白学利毕业

与 DNA 的极好机会。是讨论班在伴随我们每项成果的取得和每名博士、硕士研究生的成长进步。上面提到的在具非散度型退化扩散方程解的渐近分析做出很好工作的学生,他的选题就是通过讨论班报告确定的。还有一个学生解决一个公开问题的关键步骤也是通过讨论班确认的。总之,学生们从报告前沿工作,到自己选题,再到自己研究工作关键进展的确认,都是在讨论班实现的。此外,由于讨论班只讲最先进的东西,全是与英语文献、专著打交道,所以,每名博士、硕士研究生的科研处女作都是用英文呈现的,投稿目标也是国际数学期刊。最后写大论文(学位论文)时,再把自己的成果由英文翻译成中文。迄今为止,我的所有研究生(无论博士、硕士)都是这样做的。团队成果丰富,硕士研究生中也已累计有七八人在 Sci. China(中国科学)、J. Differential Equations 等 SCI 检索的国际期刊上发表研究论文。硕士生学制只有两三年,学生们能出这些成果难能可贵。只要在这个团队接受训练,就要伴随讨论班,走完从阅读英文文献、确定选题,直到成果英文写作的全过程。

四、导师的角色是指导而不是指挥

世界是多元的,做人做事都没有标准格式。我的体会是,一个充满朝气的年轻人来跟我读硕士或博士,作为导师,给他们提供一个好的学术平台和工作环境,带他们入门后,不必管得很细,更不能命令或束缚他们。事实上,我已经毕业的 20 名博士生,都是大致熟悉我们的工作平台后,通过自己查文献、在讨论班报告和听别人报告,逐步找到自己感兴趣的问题,开始研究工作的。我只起参谋作用，帮他们分析所选问题，逐步完善自己的想法和工作思路。在他们取得进展或遇到困难的时候，一起讨论，提出看法和建议。最后在论文定稿的时候，与他们一起修改，把问题的来龙去脉与自己的创新梳理清楚、讲清楚，成为有模有样的东西。我的博士、硕士研究生是我的学生，更是我的同行。我带博士生以前，我所发表的 SCI 数学论文清一色都是我独立完成、单独署名的。但是一个人精力、能力有限，再好的想法也只能完成一部分。后来带研究生，特别是博士研究生以后，与学生的合作研究使得情况有了根本性改观。而且随着一届届学生在我的平台上的自主选题，平台本身也在不断加宽、加高，逐步形成得到国内外同行认可的自身特色。我带学生们上路，帮助他们完善自我，完成自己的处女作，学会怎么做研究，成为人类科学舞台的一员，并在这个国际舞台建立可以检索到的户头，他们感恩我。学生们有朝气、有创造力、能吃苦。我能顺利完成一个又一个自然科学基金项目，加固、提升工作平台，逐步扩大在国内外同行中的影响，出大力的都是学生。我更要感恩我的学生们。

五、导师对学术团队 DNA 的影响

我与我的博士、硕士研究生们组成的研究团队，就是一个充满亲情与科学精神的大家庭。团队成员虽然个人经历、性格并不相同，但做人做事的风格，却有明显的相似之处。导师做人、做事、做研究的态度，以及讨论班的特点、风格，在潜移默化中影响着每个成员。事实上，无论国内、国外，一个很普遍的现象是：同一师

门下培养出的学生的风格，大都表现出许多相似性，都可找到独特的、可以追溯到导师本人的 DNA 印记，这是普遍规律。好传统会以一种无声的语言一届传一届，用不着导师教。这就是一个团队的 DNA。这个 DNA 的特点、品质对团队的发展与学生的培养实在太重要了。可见，导师影响学生的不仅仅是自己的看家本事，还有自己做人做事的风格、品格特质。而且除了影响自己的学生，还会影响学生的学生，从而影响社会。

人们常说，军队是铁打的营盘，流水的兵。其实，以研究生为生力军的科研团队也是一样：不断有一届届博士、硕士毕业，也不断有一批批新人进来，团队始终保持青春活力。共同的志向和专业兴趣把大家凝聚在一起，在学习科学的同时，也在为科学贡献创新成果；在提升团队在国内外同行中的信誉的同时，也在享受这个信誉的恩惠。几个博士生做了特别好的工作，得到国外著名同行学者的极高评价，把团队的品位、信誉提高了，整个团队都跟着受益了。倘若谁砸了牌子，团队也会受连累。于是，团队是命运的共同体。我们团队在学和已经毕业的研究生年龄跨度超过二十年，共建了统一的 qq 群。天南海北，频繁交流，分享研究的体会，也分享人生的快乐。有理由相信，在我本人退出工作舞台以后，学术团队的 DNA 仍然还会发展、延续下去。我感恩他们，也祝福他们。

⊙ 原载大连理工大学报第 1309 期，2015 年 3 月，主要内容选自作者《学位与研究生教育》2014 年第 9 期文章《指导研究生的几点体会》

第五章　教学随笔

创"名牌"就得严要求（2003）

在市场经济蓬勃发展的今天，每个人都切身体会到了名牌的魅力。我们心里都明白名牌不是广告吹出来的，说到底还是要靠内在品质：一是鲜明的个性（来自历史和不断创新），二是过硬的质量（来自先进的制造工艺和严格的质量管理）。任何名牌概莫能外。

优秀人才的培养与名牌产品的生产有诸多相似之处。首先，现代教育和现代工业都是大规模作业，完全不同于旧式的私塾和作坊。既然是大规模作业，就必须有严格的工艺规程和质量控制手段才能确保其产品的高质量。近几年的大规模扩招带来一些新问题，学校只有拿出更严格的规章和考核作为保障，才能使"学在大工"的牌子永不褪色。我们要把大连理工做成名校，要使大工毕业生成为有社会信誉的人才，严格的质量管理显然是最基本的，所以，我赞成合理的质量保证措施，并且主张严格要求、严格执行。比如说，一些重要的基础课达到一定的标准应该是拿大工文凭和学位的必要条件。好的师资和教学条件相当于先进的制造工艺，当然非常要紧，但要想真正发挥效力，同样离不开严格的管理。

当然，学校培养的是人，是活的特殊"产品"，这又与工厂有所不同。应该鼓励学生发挥自己的特长,使他们将来能成功地用自己的强项去为社会工作,但是,任何自主学习都应该以达到基本要求作为前提。看到有些学生以自主发展为名,放任自己,荒废学业以致造成严重的后果,作为一名教育工作者我痛心不已。

20岁左右的大学生正值最宝贵的青春期,蕴藏着无限的活力和创造力。我教基础课20几年了,也一直在带研究生,深深体会到教师严还是不严、学生刻苦还是不刻苦,会得出完全不同的结果。我常对学生讲:这么好的学习机会和条件、这么宝贵的青春年华,在享受美好青春的同时,一定要发奋学习,任何真本事都是花苦功夫、千锤百炼得来的。大学怎么度过,对人一生的成长太重要了,千万不能在这最宝贵的时间里留下遗憾。

"学在大工"的口碑和口号是我们大工人的骄傲,也是我们宝贵的精神财富。1999年校庆50周年的前夕,我有感于这一口碑而写了首歌,歌名就叫《学在大工》,那是发自我心底的歌:

> 我们是延安人的后代,
> 流淌着团结进取的血脉。
> 我们是科学的耕耘者,
> 惟有求实创新可以依赖。
> 啊,大工啊,
> 学在大工,
> 我们把青春洒在这里。
> 啊,大海啊,

扬帆在大海，

向着中华腾飞的美好未来。

⊙ 原载大连理工大学报第1083期，2003年11月

建立充满活力的校内管理与竞争机制(2005)

大连理工大学人事制度改革以来第二个聘期的教师履职考评即将开始。通过211工程和985工程的建设,把我校建设成为"国际知名的高水平研究型大学"的目标已深入人心。然而,如果没有一套严格的质量管理体系,这一目标的实现将成为一句空话。为此,必须有一套严格的质量管理体系,既要对学生的学习质量进行全程监控,又要对教师工作质量进行严格管理和科学考核。教师履职考评,就是我校质量管理体系的重要组成部分。

当代科学技术已经进入高速发展时期,而中国的持续高速发展已经成为世界经济发展的一个亮点。优胜劣汰是所有行业的竞争法则,当今世界的一切竞争,说到底,都是人才的竞争。对高等学校来说,代表学校最高水平的拔尖人才和标志性研究成果所达到的水平,在很大程度上决定了学校的档次,成为参与竞争的关键因素。因此,学校的教师聘任和履职考评的首要目标,应该为营造吸引拔尖人才,使拔尖人才脱颖而出创造良好环境,为我校教师创造出与国际接轨的高水平研究成果夯实基础。

众所周知,一场大戏是否好看,领衔演员水平的发挥至关重要,但同时群众演员也是不可缺少的重要因素。作为一个具有数万学生的国家重点大学，每天都有大量常规性工作需要完成。全校一千多名教师的工作态度、工作质量和精神面貌，对学校形象的树立起到关键性作用。所以，教师聘任和履职考评就必须覆盖全体教师。必须从制度上对每个教师的工作有所规范，对他们完成工作的质量和数量有严格而科学的考核。教师聘任和履职考评的目的，应该有利于最大限度地发挥全体教师的聪明才智。

履职考评是一个细致的过程。通过考评，除了逐条检查是否履行了教师（乙方）与校长（甲方）签定的聘任合同外，学校和院系还要搞清楚，三年任期内，到底是哪些人为提高 Dalian University of Technology 的国际知名度和学术地位做了哪些实实在在的贡献。奖勤罚懒、优胜劣汰应在这次考评中得到充分体现。

常言道：凡事不能靠"人治"。衷心希望大工的教师聘任和履职考评制度能够通过全校教师的实践和摸索逐渐成熟起来，成为一种有效的充满活力的长效运行机制，确保学校向着"国际知名的高水平研究型大学"目标阔步前进。

⊙ 原载大连理工大学报第1128期，2005年11月

网络阅读短与长（2005）

现如今，网络在信息传播中的作用越来越大。古代的人们用"秀才不出门，全知天下事"来赞美智者，而今天的计算机网络使"知天下事"成为平凡小事，也把普通人全都变成了"秀才"。网络的最大优点就是它的速度：人们不仅可以在极短的时间内完成检索，有效地获取信息，而且可以迅速地把自己的见解发表出去，实现与他人的交流。这是现代科学深刻改变人们生活、工作和学习方式的典型范例。可以毫不夸张地说，在"时间就是金钱""时间就是生命"、信息和知识迅速更新的今天，离开网络就几乎无法跟上时代前进的快速步伐。

拿我们数学人来说，要确定一个新的研究课题，首先要弄清楚相关研究的历史和现状。十多年前要做好这件事可太不容易了，而今天借助于网络，事情变得简单了。然而，即使如此，传统读书方式仍然不可能完全被取代。如果需要做深层次的思考，如果需要反复阅读和品味，那么仍然是传统阅读方式为最佳，且不说在幽静的书斋读书的那般儒雅的感觉，仅以数学研究为例，那些需要作为看家本事或根本基础的经典文献和专著，光在网上浏览显然不行，一定要老老实实地啃 hard copy。

此外，传统阅读往往包含了更多的人文气息。不难想象收到一封飘着墨香的亲笔信（例如情书）或同样信息的电子邮件，内心感受会有多大的不同。

⊙ 原载大连理工大学报第 1131 期，2005 年 12 月

赞"勤能补拙"(2007)

"聪明"和"漂亮"是最常见的两条赞美之辞,也最容易使人陶醉。其实,此乃与生俱来,由 DNA 决定。与其说是赞美他(她)本人,不如说是赞美他(她)获得特定 DNA 的好运气。几十年"传道、授业、解惑"的教师生涯使我越来越看重后天的东西,包括诚信、勤劳、勇敢、坚强等,以及花笨功夫才得来的知识和能力。我一般不会用"聪明"或者"漂亮"去夸奖某人(特别是夸学生)。

在社会分工越来越细的今天,每个人都应该成为自己行当的专家,而且只要选择恰当并下足功夫,也总可以成为专家;否则,你就很难在社会上找到自己的位置。每逢清早走进综合楼的阶梯教室,面对几乎一尘不染的黑板,我总忍不住要称赞黑板擦得干净,对物业管理行当的"擦黑板专家"肃然起敬,并由此联想到各个行业的大小专家们,鼓励学生们向这些专家学习。

回想四十多年前我当学生的时候,会不自觉地欣赏那些并不怎么用功又考高分的看起来最有灵性的同学,而忽略了那些肯下笨功夫的人。几十年以后,当我们这些人达到退休年龄,已经或即将退出历史舞台的时候才猛然发现:凡今天成为所在领域专家、真正有所作为的,居然几乎无一例外,恰恰是当年并不被看好的坚持下笨功夫的人,而那些单靠自己的小聪明学得很"潇洒"的人,最终都没能走得太远。拿我自己来说,虽然几十年还算努力,并未留下太多遗憾,但也常常感叹:如果当学生的时候就懂得"下笨功夫"的道理,那该多好啊。

我们这代人读大学赶上"文革",参加工作正逢知识分子受排挤的时候。我们的成长受到太多历史条件的限制,但我不怨天尤人。我宁愿多反省自己所做的不足,并努力把自己的感受传给我的学生们。我钦佩那些扎实努力、下笨功夫,又能把握机会、跟上时代步伐,始终把命运掌握在自己手里的人。

大学时代乃是以学习为职业,为自己一生的航程充电的非常关键的几年。我是过来人,知道这正是人一生中精力最旺盛、最容易接受新知识的几年。这个阶段的年轻人好比一台新电脑,运算速度最快,有难以估量的潜能,可以装无数有用的东西。等到走向社会、走上工作岗位以后,随着时间的推移,学新东西就越来越难了。若是到了我这个年龄就好比一台旧电脑,不仅装新东西难、运算速度慢,而且很容易"死机"。

一个大学生跨入大学校门即意味着他得到了可以在短短的四年内高效率地学习人类在几千年里所积累的知识(特别是某个领域里的新知识)的机会。时间短、任务重,因而这个过程势必相当辛苦,是对自己智力、能力的挑战。这好比是给刚启封的新手机、新电脑进行初次"充电",必须尽可能把电充足。须知,这个充电是有"记忆"的:初次充电的深度,将直接影响以后再充电的容量。

在知识爆炸、需要终生学习的当今社会,这个初次充电的深度和质量实在太重要了。

  在我所认识的成功者里,也无一不是极其刻苦、努力的人;我找不出单靠自己"小聪明"成功的数学家。我几十年来所教过的学生也不例外。有些学生很聪明,刚入大学成绩不错,但不肯下笨功夫,后来掉队了;相反,有些同学开始似乎有些吃力,但一步一个脚印,持之以恒,成绩不断上升,越学越有兴趣和信心。这样的例子不胜枚举。我教数学分析课的2001级信息与计算科学专业就有这样一个女生,从认识她的第一天起,我就感受到她不肯放过这门课逻辑体系中的每个环节的那股子"傻劲"。她学得很辛苦,但后来逐渐找到学数学的感觉,成绩也不断上升。她说她自知自己天资不算高,但她相信勤能补拙。她的"勤能补拙"这句话给我留下深刻的印象,后来大四时她获得免试推荐读研资格,要申请保研到一

2015年6月2001级学生毕业10周年返校

所知名大学请我写推荐信时,我首先想到的就是她的"勤能补拙"这句话。依我几十年的切身经验,这种学生成功的几率非常大。我钦佩并由衷赞美"勤能补拙"的学习态度,也真诚希望我的学生都能多一点"勤",大学这几年把电充得足足的。我相信,这就是一生成功的基础。在今天"高等学校本科教学质量与教学改革工程"特别强调"投入"的时候,我们更应该体会到"勤"的可贵。

⊙ 原载大连理工大学报第1168期,2007年9月

创新并不神秘(2007)

"和谐""创新"是当今中国出现频率最高的两个关键词。而且"以人为本""和谐社会"的理念也正在成为中国社会发展的主旋律。中国社会的和谐以及中国关于建立"和谐世界"的主张,也开始影响和改变世界的面貌。

历史唯物主义告诉我们:社会和谐必须有社会经济发展作为前提。科学技术是经济发展的根本动力,创新则是科学技术发展的灵魂。

在今天的信息化时代,知识更新的速度大大加快。与我们日常工作生活息息相关的一切,包括电脑、手机、电视机、汽车,等等,无不在快速更新,创新成为现代社会发展的最强音。当今世界,无论哪个国家、单位或者个人,只要停止创新,就会丧失自己的位置。这个大环境决定了教育发展的走向。我们看到:素质教育已成为社会对学校的基本要求,创新教育(训练)则是素质教育的核心;随着科学技术的高速发展,今天学生需要了解掌握的新知识越来越多;知识更新速度的加快还使得自主学习能力成为当代成功从业者所必须具备的能力,成为创新能力的一部分。

其实,常规本科教学(包括基础课教学)在培养学生自主学习能力和创新能力训练方面大有潜力可挖。学生在课堂所学的基础知识固然是已知的人类文明成果,但这些知识对学生本人来说却是新鲜的和未知的,学生接受新知识的过程对他们来说就是探索未知世界的过程。所以,基础课课堂教学同样可以培养学生创新能力。拿数学课来说,数学中每一个新概念、新定理的引入都是事出有因的,定理的证明也是有规律可循的。学生面对这些看似无比深奥的新东西,不能只是以一个被动接收者的姿态出现在课堂,而应该始终保持好奇心和探索者的心态,在课上、课下多问几个为什么:为什么要引入这个概念或定理?这个定理的证明思路和关键步骤是什么?某某辅助函数为什么要这样构造?如果是我,我该怎么想与构造?教师也应该以这样的态度备课和讲课。只有不断体会知识背后的 story 和 idea,施教者和学习者才能被前人探索真理的实践所感动,才会有教和学的激情。现在通常认为大学老师应该具有博士学位(亦即具有在某一领域独立创新的经历和成果),大概就是这样的道理。要求一个没有创新深刻体会的人去培养别人的创新能力,将会是困难的。

事实上,不仅课堂,就连日常衣食住行的桩桩小事,也都充满创新因素和培养创新能力的机会。例如,看一个电影或读一本小说,能否有意识(或无意识)地猜测其可能的情节发展和结局,并与故事的结果对照比较。使用一个大或小的产品时,能否注意发现其特点(尤其是缺点),并结合科技发展的趋势,预测这个产品下一个型号将会怎样改进和发展?今天世界上这样的创新机会实在是太多了。常此以往,就会养成"创新习惯"。那将是一种很高的境界，也是科学探索者不同于普通人的特有素质。

　　总之，创新并不神秘。创新能力不是靠一两次实践活动就能养成的，而是长期积累的结果。创新意识或创新习惯对培养创新能力非常有益，也是创新能力的重要组成部分，必定使人终身受益。作为教师，我力求以创新者的面貌出现在课堂，愿意把自己创新中的点滴体会拿出来与学生们交流，更希望处于创新黄金年龄的学生们不断地给教师带来挑战和惊喜，在享受现代文明和他人创新成果的同时，想着自己今天或者明天做怎样的创新，为人类文明的进步做怎样一点贡献。让我们从我做起，从今天做起，从每节课和身边小事做起。

⊙ 原载大连理工大学报第 1169 期，2007 年 10 月

从规定动作与自选动作谈起（2007）

我们在许多体育比赛中看到，预赛中规定动作完成得好坏决定是否有机会进入决赛，而决赛的名次和金牌的归属，则是由最能体现个性的自选动作确定的。其实，这一原则在所有社会活动中普遍适用。例如，任何一个知名品牌的社会声誉取决于两个要素：质量过硬并且特色鲜明，正如规定与自选动作所要求的，做人也是一样。很容易发现，三百六十行千差万别，但所有成功者的共同点依然是这两条：（普通的）基本素质再加上（特有的）看家本事即"绝活儿"，缺一不可。

普通中小学教育大体属于规定动作训练，课程设置是统一的，课本也大都为全国统编。大学教育也有培养计划，对必修课和教学环节有严格要求，以及保证"规定动作"训练的种种措施。完成规定的学分、达到合格的分数，成为每个学生为取得文凭所必须达到的要求。社会用人之所以先要看看文凭，无非是想透过文凭大致判定求职者所受教育的规格和层次，粗略考查一下他所受"规定动作"训练的质量如何。可见，"规定动作"训练及其相应的保障措施对培养与考核社会公民及从业者的基本文化素质起到了关键性的作用。

但在对"规定动作"严格要求的同时,学生的"自选动作"以及个性化优势、特长的培养却往往被忽略了。例如,从小学到大学的层层考试是保证教学与学习质量的最重要手段,但同时也是一把"双刃剑"。传统一刀切的考试,无论考试的内容还是形式,主要是检查学生对规定教学内容掌握得如何。学生从小学开始的评优、毕业、升学都要由考试决定,甚至"一考定终身"。学生为应付考试,不得不把主要精力花在自己最弱的课程中的最不擅长的方面。比较普遍的情况是:"规定动作"太多、太死,而"自选动作"实在难得一见,权重也太小,它对学生创造力的摧残不容小视。

在科学技术飞速发展、社会分工越来越细的今天,每个社会成员必须成为某一领域的专家,才有可能在激烈的社会竞争当中获得一席之地,找到充分发挥自己才能的机会和恰当的社会位置。在学校念书就是做这种准备的,如果一辈子念书始终都是在被动地修补弱项,岂不冤枉?

拿我的本行,也是现在的热门专业之一的数学类专业来说,有些学生进入这个专业时带有很大的盲目性,入学后才发现自己的兴趣和特长并不在数学。于是,环环相扣的数学类课程使他们感到痛苦,产生了消极情绪。同样情况下,有些人则是抱着一种积极的态度。他们主动在别的方向找自己的兴趣并钻进去,后来在工程学科、经济管理学科、IT领域,甚至人文学科有所作为、得到发展,作为老师,我同样为他们感到高兴。同样的道理,也有不少其他专业的学生对数学有兴趣,他们经过慎重的选择转到数学系;他们情愿吃这份苦,并乐在其中。

学校评优秀学生要求"全优",全优的学生。与全能型运动员一样,是难得的,也是社会需要的,无疑应该受到鼓励。但不该用同一把尺子去检验所有的学生,尤其不能拿全能的尺子去量个性突出的学生。那些具有突出特长,甚至"偏科"的学生也应受到保护和鼓励。实践证明,他们将来成为某一行当出色专家的几率很大,前程同样不可限量。

作为老师,能否多一点宽容,鼓励每个学生发现和发展自己的兴趣、特长,容忍学生只对自己所教课程部分地感兴趣、甚至不感兴趣,或者更喜欢别的一些课程。考试内容及形式能否依课程性质和学习阶段的不同而有所不同,能否在考知识的同时兼顾考能力?在考学生弱项的同时兼顾考学生的强项?能否让学生从被动应考中解放出来,获得展示自己主动式学习和创造性成果的机会?

作为学生,应该早点儿搞明白:究竟自己喜欢什么、擅长什么?将来靠什么本事去服务社会、参与社会竞争?今天该怎样为此努力?在这里很可能需要"有所为,有所不为",多一点学习上的主动性才行。切不可随波逐流、轻言放弃,或者始终处于被动应付考试的盲目状态,自己埋没自己,在不知不觉中荒废了大好青春年华。

⊙ 原载大连理工大学报第1173期,2007年12月

谈女大学生就业的不对称性（2008）

人们常说：女人能顶半边天。但现实有时并非如此简单。如今人们很容易观察到这样的不对称性：(1) 大学中的女生比例越来越大。(2) 成绩优秀的学生（例如免试推荐读研）中女生的比例明显高于男生。(3) 女生就业难。

十几年前，应用数学系女生大约占 1/6，近几年已经翻了一番，稳定在 1/3 左右，且仍有继续上升的趋势。这是我国经济、社会发展的直接结果。1970 年春我曾作为文革前入学的最后一届大学毕业生发配辽北农村中学教书，1981 年又作为文革后首批毕业研究生来大连理工大学任教。我经历过十年动乱，也见证了改革开放、拨乱反正后中国经济持续 30 年高速发展的世界奇迹。我国女性接受高等教育人数迅猛增加，恰好与国家经济的迅速发展同步，成为一道绚丽的风景。设想，如果不解决温饱问题，农村女孩子能出来读大学吗？36 年前我在农村教学的一天，我那个班天资最好的一个范姓女生突然找我说要退学，因她家里还有好几个弟弟妹妹，生活极端贫困。这个"好苗子"的辍学令我非常惋惜，不久就听说她嫁人了。今天我在大学讲台面对越来越多来自农村的女生时，总会想起当年那个十五六岁辍学的女孩，我无法忘却告别时她那无助的眼神。

女生成绩好并不是因为她们比男生聪明，而是她们更用心、更努力。凡能考入大连理工大学的学生，论基础和智商都不会有问题。学习是循序渐进的累积过程，即使像数学分析、实变函数、数学物理方程这样有名的难课，无非也就是思路更长，不可能一眼看穿而已。实际上，任何艰深的难题，无非是把更多的推理环节连接起来，其中的每一步也许并非有多难、多高深。于是，只要认真听课、做作业，认真对待各个教学环节，考试过关甚至取得满意的分数并不是很困难的事。由于大学数学类课程的思路比中学课程长得多，加上前后章节之间及课程之间的逻辑相关性，使得学生以往靠小聪明和临时突击应考的办法难以奏效了。据我多年观察，逃课和不交作业现象在女生中极少有发生，而提前到教室抢占最佳座位的，则90%以上是女生所为。所以，女生成绩好就不足为怪了。

那么，为什么女生学习更努力呢？主要有责任感与自制力两点原因。由于受两千多年封建意识的影响，至少在目前的中国农村，送女孩子上大学还是不容易的。那些来自农村的女生表现出明显的责任感，不大可能在大学混日子。除了认真完成学业，她们中的许多人还要为减轻家庭负担而奋斗。我每年暑假都会遇到家远不回家的农村女生。暑假正是家教的黄金季节，她们也往往会兼做几份。当她们终于实现自立，不再需要家庭负担学费时，我可以清楚地感受到她们的那种自豪感。今天的年轻人离开父母上大学后会直接面对各种诱惑，要做到专心苦读不容易。一旦不幸沾染网络游戏之类的精神毒品，就很难自拔，很难继续完成学业了。女生的自制力

（即抵御诱惑的能力）普遍高于男生，沾染这一不良嗜好的很少。

而女生就业求职所面临的却是另外一番景象。她们的成绩优势并未简单转化为求职优势，甚至有性别歧视之感。原因何在？我认为至少有两个因素在起作用。客观因素是：女性除了工作，还需要额外承担服务家庭和抚养后代的任务。这当然是对社会的贡献，非常崇高，但要知道，女从业者所在的单位或部门自身也是处于激烈的竞争环境之中，要求它们无偿地为社会尽这份义务是不现实的。另一方面，女生在具备较强自制力的同时，往往缺乏主见、魄力、胆识和冒险精神，缺乏特质、特长，因此很难令招聘者产生"眼睛一亮"的感觉。听话不是坏习惯，但只有听话显然还是远远不够的。在求职过程中，成绩单只能是一个参考，用人单位更关心的是：你曾经做过或（使他们相信）你能够做什么独特的事情？换句话说，除了（主要由成绩单体现的）"规定动作"，你还有怎样的"自选动作"？有"金刚钻"没有？这就需要靠平时用心培养自己的兴趣、爱好，树立特长，可能要"有所为，有所不为"，这恰是女生所普遍欠缺的。我遇到不少这样的女生：成绩很好，但直到毕业也不清楚自己到底喜欢什么、擅长什么。那种"一根筋"精神在女生中太少见了。一个缺乏主见的人，即使能力再强，也难成大事。可见，出现这一现象也不能全归咎于"性别歧视"。

女生的成长和成才始终是我所关心的。我教了两年数学分析课的99级有这样一位来自安徽农村的女生：毕业时她的成绩在全专业排名第一，却毅然放弃保研资格，独闯深圳求职。她凭面试的出色表现（而非成绩单）很快找到了自己喜欢的工作，在工作、收入都

2003年6月与1999级"eπ组合"宿舍8同学毕业合影

不错以后,依然求新、上进、不安于现状。为寻求更大的挑战,她把工作换到上海,再到北京。她在一封电子邮件中曾这样对我说:"刚参加工作的时候,每天拼命干活,改出一个小 bug 都会兴奋半天;工作一两年后做出大一点的 project 也挺有成就感;现在分配的工作做出来是应该的,做不出来才有问题,因为已经是一个有四年工作经验的老员工了。现在我对工作已经没有期待和成就感了,有点悲哀。"当工作不再具有挑战性时她的感觉不是满足,而是"有点悲哀"。在许多女生抱怨"性别歧视"的时候,我总要想到她。坦白地说,我非常欣赏这个有主见、有个性的女生。当年她放弃读研时,我曾多少有些疑惑。但四五年下来,反倒使我这个当老师的明白了许多。我曾想过:她会有"性别歧视"的感觉吗?或许我们应该从她那里得到某种启示。

⊙ 原载大连理工大学报第1178期,2008年4月

谈精英教育与粗细两类功夫培养（2008）

所谓"精英"，应该是指具有特殊本领、有能力扮演领军角色和对事业发展起关键性作用的专业拔尖人才。精英教育不是一句空话，而是必须经受社会认定和历史检验的科学实践过程。那么，具备怎样的能力才算精英？怎样做才能培养精英呢？

社会分工不同，专业千差万别，但大道理总是相通的。我的体会是：任何行业的精英或拔尖人才都需要具备"粗"与"细"（亦即"宏观"与"微观"）两类功夫。首先，处理复杂事物需要有大局观，领军性工作尤其如此。另一方面，如果没有基本功和一线工作的切身体会，任何大局观都只能是空中楼阁。成败之关键最终取决于某一具体环节做得怎样的例子也屡见不鲜。我的本行是数学，数学研究就是从公理和已有结果出发，通过严格的形式逻辑推理，得到公理体系所蕴涵的更深刻的结果。数学就是随着一个个新概念的引入和新定理的证明而不断向前发展的，它在自身发展的同时，数学还为整个科学技术的发展提供强大武器。这是全世界一代又一代数学家的集体创新活动。每一个重要结果的证明，都成为这个集体继续攀登的新的大本营。一些著名大定理或大猜想的证明的最终完成，都是经历数百年时间和几代数学家的艰苦努力才完成的。近些年来我们这一代数学人经历了费尔马大定理的解决和庞加莱猜想的证明两件激动人心的大事件。这两个大定理的证明都长达数百页，如果没有正确的总体逻辑框架是不可想象的，而艰辛推理中任何一个细小环节的疏忽都会使整个证明功亏一篑。这就是数学。数学课的教与学也是同样道理。诸如隐函数存在定理、非线性常微分方程解的存在唯一性定理等一批大定理的证明，就是对教师、学生能力的考验。我的体会是，面对庞大、复杂的证明过程，既要有明确的思路，又要有对细节的准确把握；既要有洞察力，又要有扎实的逻辑推理基本功。建立方程的过程也是如此。例如，热传导方程的推导，首先要弄清建立方程的基本框架，抓住核心等量关系——热量守恒定律：单位时间段内流入（流出）物体的热量等于物体升温（降温）所吸收（放出）的热量。前者用傅立叶实验定律刻画，即流过曲面的热量与温度的反方向变化率、曲面面积、时间及导热率呈正比，再运用高斯定理将曲面积分化成体积分；后者则需要利用吸（放）热与前后时刻的温差、比热、质量成正比的物理学原理，并利用微积分基本定理（牛顿—莱布尼兹公式）将关于温度的差化成关于温度的积分。最后再根据变分法基本原理导出热传导方程。这个推导过程清楚地说明：粗与细两类功夫缺一不可的。

  以科学实验作为基础的自然科学也是这样。一个复杂的大实验首先必须有正确的技术路线，而目标和技术路线的实现，同样需要一个个具体的实验环节和可靠的实验操作。概括起来，也是洞察力和动手能力两条。甚至人文社会科学也是如此。任何一个成功的文艺作品，既要有寓意深刻的故事，又要有高超（使人物鲜活丰满、

2006年12月结课后与研究生合影

情节生动感人)的艺术手法与细节处理,缺一不可。

我们经常看见这样一些人,他们基本功很好,活儿干得漂亮,但缺乏大局观;只会细,不会粗;工作中"只见树木,不见森林"。到头来,功夫和能力得不到充分发挥,难以独立开展创新活动,只能给别人打工。还有的人说得头头是道,看似有高明的见解,却志大才疏,连一件完整的事情也做不来,其实就是毛主席老早就批评过的"大事做不来,小事又不做"的人。

这两类能力该如何培养呢?首先,每个行当都有自己的基本功,例如数学的逻辑推理和计算、实验与工程学科的动手能力等,必须下笨功夫,长期训练、不断积累,没有捷径可走。除了认真听课,还要不断地举一反三。听懂了不等于掌握了,还需要做大量习题或实验。过硬的细功夫是进行任何创新活动的基础。训练"粗功夫"的机会同样随处可见。每门课、每节课都应该主动地去思索与提炼:(这门课或这节课)主题是什么?核心内容是什么?要害或关键是什么?在处理一项复杂工作的具体细节时,不管多么辛苦,也要搞清楚:自己正在干什么?已经到了这个复杂工程的哪一步了?它在整个工作中起什么作用?有时课堂上一个大定理的证明需要持续一两个小时,连擦好几次黑板才能完成。这时,我总习惯于先(粗线条地)勾画出解决问题的大思路和重要步骤,而在精准却略显烦琐的推理过程中,总要不断地提醒大家:我们正在做什么?走到哪一步了?下一步该做什么了?离最后目标还有多远?基本功固然需要日积月累,不断磨练,但只做重复性训练还远远不够。读书也是一样,既要有(弄清每个细节的)精读,也要有(领会主要精神的)泛读。试想,如果每本书、每个章节都逐字逐句去细抠,那么人的一生能读几本书呢?在信息爆炸的今天,尤其要培养检索与浏览能力,能够在浩如烟海的文献中把需要的文献找出来。要能够通过粗读,用最快的时间理解文献的核心思想和特有精华所在,做出是否需要精读、怎样精读的判断。有些人非常努力,基本功也很好,但缺乏粗的功夫,工作非常辛苦,却迟迟理不出一个头绪来。这个粗功夫,也正是许多同学所缺乏的。

同学们在完善自我的时候,不妨经常问一下自己:打算入哪个行当?该行当的基本功(细功夫)练得怎么样了?所需要的大局观(粗功夫)行还是不行?带有针对性的粗或细功夫的训练,或许就是最有效的成才之道,也是任何精英教育的基本要点。

⊙ 原载大连理工大学报第1181期,2008年5月

个性发展：鼓励还是扼杀？（2008）

"精英"绝非千人一面的"标准件"。精英教育的基本功能，应该是使人的个性得到充分发展。不同行当精英人才的共性正是他们鲜明的个性，即区别于他人的特点。在以人为本、建设和谐社会的今天，人的个性正在受到尊重。我这代人曾经历过服装只有一两种颜色和一两种款式、文艺舞台只有几台样板戏的压制个性的年代。那个年代里，连同人的个性一同被扼杀的是社会的进步与国家的发展。

世界上没有两块一模一样的石头，更没有两个一模一样的人。即使是拥有完全相同DNA的双胞胎，人们也总可以从他们特质上的差别准确地区分他们。每个人都应该珍惜自己的个性，即区别于他人的自身特色。社会是一个大舞台，三百六十行，行行出状元。每个社会成员所扮演的角色各有不同，不可能有一个标准模式。那些英雄模范和感动中国的人，正是以自己鲜明的个性打动我们的。人们常说的"公说公有理""婆说婆有理"，其实也蕴涵了做人、做事并无标准答案的道理。古人老早就懂得盲目模仿他人的害处，千古流传的邯郸学步、东施效颦之类的成语故事就是先人对这类愚蠢行为的惟妙惟肖的嘲讽。我四十年的教师生涯的切身体会是：（1）

做人、做事没有标准模式或标准答案。(2)简单、武断地划分优缺点是不科学的。(3)把个性当缺点的做法尤其是有害的。

不能把人的个性化特点简单地评判为优点或缺点。在某些场合被认为是突出优点的某个特点,在另一些场合却很可能被视为缺点,反之也是一样。办事认真非常可贵,但如果在需要"适当模糊"的场合也坚持同样的认真尺度,"认真"就变成"较真",反而达不到所期望的效果。但如果把"认真"作为缺点去克服,那就更加荒谬了。生硬地给人找缺点的实例屡见不鲜。例如,"急躁"(即急性子)就是人们最常见的缺点之一。其实,急性子和慢性子都不是简单的缺点。急性子不该当作缺点去克服,何不发展"急"的特色,成为做事雷厉风行的人呢?同理,慢性子则更有可能成为办事沉稳的基础。而"雷厉风行"和"沉稳"都是难能可贵的。兴趣广

2013年6月1999级学生毕业10周年返校

泛的人可以向"博"的方向发展，成为善于博采众长的杂家、万事通；兴趣单一的人，可以培养锲而不舍的"专"的风格，成为某个特定行当的专家，两者都是社会所需要的。与此类似的，骄傲或谦卑也不是简单的缺点。与西方人相比，国人普遍显得不够自信。当今市场经济和竞争的环境下，能否充分地展示、推销自己，是非常基本的竞争要素。自信是取得别人信任的前提，我这个人天性偏于谦卑，习惯于凡事留有余地，真有把握的事才敢下决心。由于天资和勤奋的原因，从小学习成绩突出，加上比较执著，少年时代被判为"骄傲自满"。就这样，"骄傲自满"作为缺点被我背了十几年，几乎成为自我批评的永久性话题。改革开放，特别是1984年我到国外留学时才猛然发现，我的最大缺点竟是完全相反的"缺乏自信"。这使我震惊：那我岂不是半辈子看错了病、吃错了药？追悔莫及。总结此生，"不够自信"才是我未成大器的重要原因。其实，连穿衣打扮也没有标准模式。只有从自身特点出发，突出个性，才会有好的效果。"小眼睛"也只是特点而非缺点。它并不妨碍视力，却更安全。鱼和鸟的眼睛最大（呈圆形，可从数学上证明其最大），在哺乳动物中人类的眼睛相对最小，而在人类中要数黄种人眼睛最小（同时体毛也最少）。所以，小眼睛说不定是进化彻底的标志呢。

  个性化特点是宝贵的，标新立异乃是创新的普遍特征。一部文艺作品如果没有个性，看了开头就能猜出结尾，必然索然无味；只有那些"意料之外，情理之中"的作品才能打动人。所谓"源于生活、高于生活"，其实就是要求作品具有比生活更典型、更具鲜明的个性。即使是以真实性为前提的新闻报导，也必须求新、求特

（即与众不同）。缺乏个性化特点的人和事，注定不会具有新闻价值。科学研究更是如此。拿数学研究来说，如果结果是可预料的，方法是标准的，那么，即使研究工作做得再辛苦也没有意义。而"结果是可预料的""方法是标准的"两条，也正是我们向高水准国际数学期刊投稿时最常见到的两个退稿理由。相反地，如果发现了使人意外的新现象，或者发展了新方法，那就真有价值了。

总之，**精英教育应该鼓励而不是抹杀个性发展**。世上的大河都是由小河汇聚成的。在遵守社会规则（法律、社会公德和职业道德）的大前提下，每个社会成员个性的充分发展，乃是实现社会最大发展的基本保证。我们的教育，切忌模式化、简单化，千万别在不经意间扼杀了学生宝贵的特质和个性。离开个性发展去谈精英教育是不可想象的。

⊙ 原载大连理工大学报第 1186 期，2008 年 7 月

"变换"的魅力（2008）

人类的创新实践活动离不开形形色色的变换。它们随时、随处可见，威力无比，魅力无穷。

常见的积分变换（例如傅立叶变换及其变种拉普拉斯变换）便是非常典型的一例，它们作为现代分析学的强大武器，在数学各分支乃至工程技术各领域都有广泛应用。积分变换的概念最初从基础课数学分析引入，尔后在概率统计、微分方程、泛函分析等一系列后续课程中一再出场，并扮演重要角色，一些工科专业甚至把积分变换（与场论放在一起）单列为独立的一门课程。从数学上看，积分变换是一类重要的含参变量的广义积分。它们有两条特别好的性质，其一是它把求导运算变成（像空间的）乘积运算，其二是它把原像函数的卷积，变成像函数的乘积。性质一使我们得以通过积分变换，把偏微分方程转化成（关于像函数的）常微分方程，或者把常微分方程转化成（关于像函数的）代数方程，而在像空间的求解即是对问题的本质性简化。但这样所得到的只是解的像函数，而不是解本身，还必须进行反变换，弄清楚这个像函数是由哪个函数（即原问题的解）变换而来的。性质二正好使我们得以借助于现成的积分变换表进行反变换运算，得到卷积形式的解。

当然，积分变换的优点和应用还远不止这些。例如，通过傅立叶变换可以把函数的（不容易刻画的）可导性转化为像函数的（容易刻画的）下降性。于是，根据像函数在无穷远处衰减的程度，人们甚至可以方便在原像空间定义出分数阶导数！

在计算机出现以前，对数运算曾经是强大的手算工具。十七世纪初，正是通过对数把乘（除）法运算转换成加（减）法运算，再取反对数的方法，才使人类第一次学会计算航海快速定位中所遇到的"天文数字"的。今天的计算机成为了"万能"。其实计算机只能处理信号0与1，即二进制数。让计算机为人类服务的前提，就是必须转化成计算机能够处理的二进制问题，处理之后再还原回来为我们所用。在计算机上执行这样的变换和反变换需要涉及一系列问题，例如建立数学模型，并且通常最终化成解线性方程组问题，等等，无疑是极其复杂的。

可见，以上所提到的变换和反变换，并非简单的形式性操作，而是具有深刻实质性内容的、"有利可图"的一来一往。我们静下心来仔细品味，便不难发现：这种进行适当的变换与反变换的思想适用于人类的一切创新活动！我们都知道，无论是造机器还是盖楼房，都先要有图纸，设计人员无一不是在像空间（即图纸上）进行复杂的创新活动的。这就是把（待建的）实物转换成图纸，在图纸上做文章。工厂或施工单位的任务则是进行反变换，把图纸还原成实物——机器或楼房。在像空间即图纸上（而不是直接对实物）进行创新活动，显然是对创新活动的本质性简化，人们甚至可以方便地对设计反复修改，十分便捷。当然，这个反变换或还原的环节也是创新活动的重要组成部分。就拿制造机器来说，光有设计图纸还远远不够，还必须同时设计（实施"反变换"所必须使用的）夹具和量具，并编制合理的工艺规程。实验科学中的关键设备相当昂贵，在使用这些关键设备之前，人们自然得先做"沙盘推演"，待做出周密的安排之后，再还原到关键设备上去实现。这同样也是变换与反变换两个环节。

甚至文艺创作过程也不能例外。人们首先要把艺术作品中的人物和故事通过变换转换到像空间（纸或电脑），编剧和原始创作都是在像空间进行的，这显然也是一种本质性简化。创作一部好作品，往往需要（在像空间）反复修改，甚至几易其稿。导演和演员的责任则是实施反变换，即把像空间的人物和故事还原。这个还原（即反变换）的代价和成本是很大的，除了灯光、布景、道具等设备成本，那些大牌导演和大腕演员的出场费也相当可观。如果不是先在像空间进行初始创作，搞出剧本以及分镜头剧本后再把大腕们请来，而是临时现编、现演、现拍，那么所付出的时间及成本将不可想象。

数论中费尔马猜想和拓扑学中庞加莱猜想的彻底解决，是我们这一代数学工作者有幸赶上的两个百年一遇的里程碑式的工作。说来也奇怪，它们的最终证明，都不是直接采用数论和拓扑学方法，而是分别转化成了代数几何中的椭圆曲线问题和偏微分方程中的 Ricci 流问题，通过间接证明的手段最终完成的。

由此可见，寻求合适的变换，在像空间进行创新活动，再实施反变换加以还原，这个思想对于人类的创新活动来说有多么重要。

可以毫不夸张地说，这类本事是进行何种创新活动都不可少的。自觉地运用它，往往可以收到事半功倍的效果。这是我将近 30 年在数学分析、常微分方程、数学物理方程等课程的教学中一次次体验到的。

⊙ 原载大连理工大学报第 1189 期，2008 年 10 月

附录

一位教授的人生情怀(2004)

大连理工大学校报记者 吕东光　　实习生 王然

郑斯宁教授,宝钢优秀教师特等奖获得者。20多年来,一直在我校基础课教学第一线工作。他是个富有激情、充满活力的人,学生说他"青春不老"。课堂上,在他清晰严正的逻辑语序中,时常穿插进生活中让人感动的事例,使学生在对抽象数理推论理解的同时更加深了对人生的理解。近日,记者采访了郑斯宁教授。以下是郑老师的口述实录。

你必须是 Professional

现在,社会发展很快,各行业分工很细,极其专业化,这使得每个人在各自的工作岗位上只有一个角色,只能做一件事。但你必须是 Professional,如果你不专业的话,你就会被淘汰。一个律师不能既打民事又打刑事案件,那就不是专家。你可以不喜欢学数学,但你应该明白,你喜欢什么,你将来靠什么去竞争。你不能说我什么也不想就是在这儿混,在这儿玩,将来两手空空。你一定要使自己有一个本事,将来靠这个本事去吃饭。这个本事是你喜欢做的,也应该是你擅长做的。如果既不是你喜欢的也不是你擅长的,将来你靠什么生存?我研究数学,我很喜欢,我很愿意做,365天我没有休息过,但我感觉和玩差别不大,和打扑克的乐趣是一样的。有人找我玩,我说我的人生蜡头还剩这么高(用手比划,意思是很短),很多事情我都没做完,这根蜡头怎么点,我得精打细算,否则将留下很多遗憾。

每个人都应该在自己的岗位实现人生价值

有一次,一个学生来和我请假说身体不舒服。我对学生说我不舒服时也不可能不来上课,我哪天要是不来上课的话,我肯定就是被救护车拉走了。我的最高境界就是倒在讲台上。我是积极面对人生的,我这样说也这样做的。我给学生上专业课,一上就是两年,两年以后,学生对我的感情非常真挚。2003年,在我生日时学生买了个大蛋糕,上面用奶油写了个"e"字(我常强调的数学符号),并放在了讲台上,我来上课时,看到这场景,流下了热泪。学生对我的感情是我人生中最主要的精神支柱,我因此活得乐趣无穷。不管遇到天大的困难、天大的挫折,一见到学生,我都会抛之脑后。我上课以前要整理衣服,注意自己的仪容,像演员上台一样,把最好的精神面貌展现在学生们面前。我给2000级学生上完课时,他们送给我一本留言册。我说,地震时人们都要把最珍贵的东西拿走,学生送我的这本纪念册,就是我遇到地震时首选拿走的东西之一。

每个人都有自己的岗位，应该热爱工作、敬业、遵守职业道德。每个人都应该珍惜青春年华、以自己的岗位贡献实现人生价值。北京人民医院急诊部主任丁秀兰，是个让我感动的人。非典病人是在她所在的专业医院——地坛医院进行救治的，地坛医院患者的病历都是她写的，最后她被感染了。她拒绝别人护理，上救护车时，为了不感染别人，她不让别人抬，她用被子把自己蒙起来，拖着极度虚弱的身体，自己上的车。她对生活是那么的热爱，弥留之际，她让丈夫从家拿最好的羊毛衫来，希望来人看到她时还很精神，她要把自己美好的形象留给大家。这么一个鲜活的人却离我们而去了。她去世后，为了怀念她，大家给她建了个网站。她的孩子和我教的学生同岁，本该享受天伦之乐的她却为事业牺牲了。美国"911"事件，倒下最多的是警察，别人都在往外撤，他们在往前冲。他们的职业就是把人救出来。我所讲的例子都是超阶级超民族的，英雄都是些很普通的人，我不是在唱高调，是在讲最基本的做人道理。

你应该明白你应该怎样做

我是个比较死性的人，是过于认真的人，这我知道，我的优点我的缺点都是认真。在评"宝钢教育基金优秀教师"时，我曾几次拒绝提名。后来学校把材料给我报上去，我被评上后，没要奖金。我跟学生说我不认为我这样做就好，世界上赤橙黄绿青蓝紫，大自然千姿百态，都有存在的道理都很美丽，人比自然要复杂得多，但你应该明白你应该怎样做。

作为现代人，必须具备现代人的基本素质，必须遵守社会规则。现在社会商业气息很浓，诱惑太多，有些人不辨是非，把握不住自己。什么事情对我有好处，我就去做，思想非常短视。朱镕基任总理时曾为一个会计学习班题词"不做假账"，我给同学们的赠言就是"不作弊"。学校是为社会输送新鲜血液的，如果学校输送的血液是污秽不堪的，是考试作弊、没有诚信的人，社会将没有希望。

学会处理人际关系

现代社会你必须学会跟别人共事，学会与各种人打交道，这点不能回避。作为一个健全的人，你生活的周围，可能有你喜欢的人，也可能有你不喜欢的人。对于你不喜欢的人，你也得学会与他们共事。你不能说这个单位有你不喜欢的人，你就要跳槽，那你的生活能力就太差了。做朋友，又是另一回事，要找与自己合得来的。

我不反对学生在本科生时恋爱，但我希望是认真的。恋爱要有个过程，不是一开始就很成熟。人生要有与异性交往的经历，否则不完整。但文明社会你不能妨碍别人，不能你俩感觉挺好，别人还得躲着。这是基本规则。为什么某某女孩儿做事温文尔雅我们说像"大家闺秀"似的，就因为她做事很得体，自己做事要让别人也觉得舒服。你的受教育程度应该与你的文明程度是一样的。人生感受是多方面的，不能因为学习就耽误了恋爱，不能光要事业不要家庭。人就是在事业与家庭之间找一个平衡点。如果影响了学习就不聪明了。法国网球公开赛冠军海宁接受记者采访时，记者问她"得冠军，你一定很高兴吧？"她说"还没有我结婚那天高兴"。这说明她对生活和对工作都一样热爱，她把自己的家自己的感情看得与她的事业一样重要。中国工程院院士戚发轫在59岁时被任命为中国"神州"飞船总设计师。有人说：你马上就要退休了，还揽下这个差事干啥？他说："我这一辈子只有考大学报清华航空系是我自己按照自己意愿做的，剩下的全是组织分配我做的。我年轻时有两个梦想，一个是把中国的飞船送上天，一个是与我老伴白头偕老。"他老伴在"神州"飞船设计到2号时得了肺癌，无论怎样忙，戚老每天要到医院20分钟陪陪老伴。现在，戚老还保持着老伴健在时屋子的原样。

　　这些人对事业、对家庭都抱着很认真的态度。我举这些例子是想在人生这么关键的时候，提醒大学生，还有人这样活着。让你们在心中油然敬佩这些人，认为这样活很好，我也应该这样活。那么在学本领学知识的时候，在今后生活时你们也应该以他们为榜样。这些例子应该是你们一生的动力。

⊙ 原载大连理工大学报第1106期，2004年11月

后记

《郑说心语》的由来

我是数学教授，研究领域为非线性偏微分方程，本职工作是教数学和研究数学。为什么要出这样一本自己专业以外的书，似乎该有所交代。

我的教师生涯是从1970年春北大本科毕业发配辽北农村教中学开始的，1981年又作为文革后的首批研究生从吉林大学毕业来到大连理工大学任教，至今已耕耘教坛四十六年。我这代人经历了新中国曲折发展的每一步，包括十年文革灾难和改革开放后中国发生历史巨变的全过程。与国家的曲折发展一样，个人的成长过程也曾充满艰辛，甚至磨难。在今天中国空前发展的历史巨变中，站在讲台面对朝气蓬勃、前途无量，却又略显稚嫩、略带懵懂的青年学生，除了教授数学知识，总感觉还有太多的心里话想说。

2000年6月30日晚，我被推选作为教师代表在大连理工大学2000届毕业典礼发言。短短五分钟心里话，引起正在跨世纪的数千名毕业生的强烈共鸣，场面火爆，掌声、欢呼声响彻主楼广场夜空。发言稿后来以《青春寄语》为题收入大连出版社《科学家寄语下一代》一书，即本书开头的首篇文章。打那以后，我开始在校报发表教育教学随笔。灵感全部来自与学生的互动、交流，并多次涉及来自学生的案例故事。文章内容都是自然流淌的心里话，没有一句是拷来、抄来的。文章很受欢迎，逐步形成属于不同年龄段的读者群甚至粉丝群，尤其被青年学生所爱，正面反馈不断。读者和粉丝的鼓励使我一直坚持写到今天。不知不觉中十五六年过去了，原本"无心插柳"之举，竟积累下为数可观的一批文章。近年来，不断有同学、同事鼓励我将文章结集出版成书，我却一直没大在意。2015年新春伊始，校团委一群90后本科生在校团委官方微信平台开辟了"郑说心语"专栏，时不时选发他们搜集到的我的随笔文章。借助微信大平台的广泛传播，栏目反响不错。这件事给了我出书的信心，甚至连书名《郑说心语——大学人的文化使命》的灵感也源于此。

本书收录的49篇教育教学随笔，几乎全都原载大连理工大学校报。为阅读方便，把文章划分为"青春寄语""解读正能量""大学人的文化使命""耕耘琐记"及"教学随笔"五个章节。章节的界线是模糊的，具体某篇文章究竟划到哪个章节更合适，并未仔细斟酌，各章节内的文章排列均以发表时间为顺序。为保持原汁原味和历史原貌，结集时对原文章的内容和文字未做改动。书中相当一部分文章写作时，曾被我用作大连理工大学同一时段教授专题讲座的素材。我还通过大连理工大学（面向全国重点中学的）"问知大讲堂"平台，应邀在河北衡水中学、陕西宝鸡中学、大连23中学等重点中学给高中生做千人规模的"谈快乐学习"演讲报告。讲座、报告均大受欢迎，场面热烈，多次被学生团团围住索要签名。我常说：作为一名教师，我的上帝是学生，"使学生受益""受学生欢迎"是硬道理和试金石。期望本书的出版能使更多年轻人受益。

程耿东老校长、钱冬生老书记都是我的老领导、老上级。感谢他们百忙之中字斟句酌、用心写出的序言，为本书增色。他们（以及其他老领导们）对我的理解、支持，我将永远铭记在心。这里特别要感谢我的硕士、博士导师，对我做人、做学问影响最大的恩师——吉林大学老校长伍卓群教授。一并感谢国家自然科学基金委多年来对我学术研究工作的资助。

我的青年时代是在高度重视理想信念的岁月中度过的。回想五十多年前，中国青年出版社曾经在我的成长过程中给过我无数正能量，影响至深。这次出书选择出版社时，我脑中的第一反应就是"中青社"。感恩中国青年出版社。

我人生的大半是在大连理工大学校园度过的。非常庆幸在中华民族伟大复兴的历史洪流中能够拥有在大连理工大学任教的岗位，通过在这个岗位上教书和做学问，扮演历史大舞台上的一个小角色，实现人生价值。感恩大连理工大学。

从教四十六年，学生从当年的50后延续到今天的90后。我始终被属于不同年代的年轻人所包围，感受着他们的青春气息。正是通过与年轻人的交流与沟通，我得以为他们的健康成长服务，同时也督促自己不断学习、思考，跟上这个快速发展的时代。他们用最美好的青春年华，陪伴着我的人生岁月。可以毫不夸张地说，与学生的情感纽带是我人生的第一精神支柱。感恩这四十六年来我的所有学生们。

郑斯宁

2016 年 1 月 31 日于大连